Erich Ritter

Über die Körpersprache von Haien

Unter Mitwirkung von
Jürg Brunnschweiler

Verlag Dr. Werner Steinert
Postfach 3207
58423 Witten

Bibliographische Information Der Deutschen Bibliothek

Die Deutsche Bibliothek verzeichnet diese Publikation in der Deutschen Nationalbibliographie; detaillierte bibliographische Daten sind im Internet über http://dnb.ddb.de abrufbar

© Copyright Verlag Dr. W. Steinert   - www.verlag-dr-steinert.de
1.Auflage 12/2002   Schlußredatktion: Jutta Braß

Umschlag: WEGNER & PARTNER,
Agentur für Absatzförderung, Offenbach
© Copyright Titelbild: Tom Campell

Alle Rechte, auch die des auszugsweisen Nachdrucks, der fotomechanischen Wiedergabe (einschließlich Mikrokopie), sowie der Auswertung durch Datenbanken oder ähnliche Einrichtungen vorbehalten.

Satz und Druck: MaroDruck Augsburg

Über die Körpersprache von Haien

– eine Einführung

von Erich Ritter, unter Mitwirkung von
Jürg Brunnschweiler

Für
Gary J. Adkison,
Walker's Cay, Bahamas.

Seine Liebe zu Haien
ist Inspiration für uns alle.

Vorwort 11
Die Wichtigkeit von Mensch-Tier-Beziehungen 13
Mit Tieren „reden" 15
Die Notwendigkeit, mit Haien interagieren zu können 16
Das Phänomen der „Angzination" - Angst und Faszination 18
Ein Wort zum Anthropomorphismus 21
Guter Hai - böser Hai 27
Gefährliche Haie 29
Haiunfälle 33
Wie Haie Menschen „sehen" 35
    Mechanosensorische Systeme 36, Hören 37
    Wasserdruck 38, Geruch 38, Sehen 39
    Elektrosensorische Wahrnehmung 42
    Berühren 42, Geschmack 43
Die Entstehung des ADORE-SANE-Interaktionkonzepts 45
Grundzüge zum Verständnis des Konzepts 49
    Der äußere Kreis, die äußere Schwelle 50
    Anpassungswinkel 51, Innerer Kreis, innere Schwelle 52
    Interzone 54, Hot Zone 55
Körperhaltung und Körpersprache 57
Bedeutung der Körpersprache 57
Die Nulllinie 58
Annäherungsmuster 59
    Passieren (Pass) 60
    Frontales Anschwimmen (Frontal Checkout) 60
    Seitliches Anschwimmen (Lateral Checkout) 61
    Umrunden (Go Around) 62
    Aufsteigen (Vertical Approach) 62
Weitere Bewegungsmuster 63
    Bedrohungswinkel 63
Blinde Regionen und blinder Winkel 64
Augenrollen, Kopfdrehen und „Gaping" 65
„Gähnen" 67
Kiemenspreizen 67
„Flossensprache" 68
Schlagfrequenz des Schwanzes und Schwanzversteifen 71
Agonistisches Verhalten 74

"Pseudoagonistisches" Verhalten   76
Ursprung von agonistischem Verhalten bei Haien   79
Signalisieren   82
Andere Regionen – andere Erscheinungsbilder   85

ADORE-SANE: Das Interaktionskonzept   89
ADORE – Die Bedeutung des Hais bei der Interaktion mit Menschen   89
    A (Attitude): Das Erscheinungsbild   93
    D (Direction): Richtung   95
    O (Origin): Ursprung   97
    R (Relation): Räumliche Beziehung   102
    E (Environment): Umwelt   105
        Überblick über marine Ökosysteme   105
        Schelf und Tiefsee   106, Gezeitenzone   107
        Estuarine   108, Mangroven   109
        Kelpwälder   110, Seegraswiesen   111
        Korallenriffe   112, Offenes Wasser   112
Worauf zu achten ist   113
Die Wahl des Tauchpartners   114

SANE – Die Bedeutung des Menschen bei der Interaktion mit Haien   117
    S (Situation): Situation   119
■   *Bildteil 120 - 144*
    A (Activity): Aktivität   145
        Schwimmen   146
        An der Wasseroberfläche treiben   148
        "Planschen"   148
        Freitauchen (Apnoe-Tauchen)   149
        Schnorcheln   151
    N (Nervousness): Nervosität   153
    E (Experience): Erfahrung   159

Bekannte Haiarten   162
Bekannte Haiart – unbekannter Ort   163

Unbekannte Arten 164
Kurzform von ADORE-SANE 165
Artspezifisches ADORE-SANE 167
Passives und aktives Verhalten 168
Der kontrollierte Rückzug 170
    Situation 1 171
    Situation 2 172
    Situation 3 172
    Situation 4 173
Zielorientiertes Nähern 174

ADORE-SANE in Anwendung bei mehr als einer Person 175
ADORE-SANE in Anwendung bei mehr als einem Hai 176
Nutzen des Konzepts für Taucher, Schwimmer und Schnorchler 177
Hilfe für Fotografen 178
Wann ADORE, wann SANE? 179
Offen sein für neue Verhaltensweisen 180
Erkennen und Beschreiben der Körpersprache 182

Unfälle mit Haien 187
Ein Schlusswort zu den Tieren 190

ADORE-SANE Konzept in Anwendung 193
    Ein Tauchgang im Riff 193, Aufgestiegen und abgetrieben 195, Begegnung im freien Wasser 197
    Ein Hai kommt selten allein 199, Kreisen eines Hais 200
    Der „aggressive" Hai 203, Begegnung in der Dämmerung 204, Unbewusste Blockierung des Fluchtwegs eines Hais 206, Steilwandtauchen und Hai(e) 206

Persönlicher Aufruf 209
Der Sprung ins Wasser 212

Namen- und Sachverzeichnis 217

Kurzbeschreibungen des Verhaltens der im Buch erwähnten Arten in alphabetischer Reihenfolge 235
    Blauhai (Prionace glauca) 235
    Bullenhai (Carcharhinus leucas) 237
    Grauer Riffhai (Carcharhinus amblyrhinchos) 239
    Hammerhai (Sphyrna spp.) 241
    Karibischer Riffhai (Carcharhinus perezi) 244
    Makohai (Isurus oxyrhinchus) 246
    Schwarzspitzenhai (Carcharhinus limbatus) 247
    Seidenhai (Carcharhinus falciformis) 249
    Tigerhai (Galeocerdo cuvier) 250
    Weißer Hai (Carcharodon carcharias) 252
    Weißspitzen-Hochseehai (Carcharhinus longimanus) 254
    Weißspitzen-Riffhai (Triaenodon obesus) 256
    Zitronenhai (Negaprion brevirostris) 257

Vorwort

Das vorliegende Buch wird dem Sporttaucher eine neue Dimension des interaktiven Tauchens mit Haien eröffnen. Wir sind uns bewusst, dass wir mit den folgenden Kapiteln in mancherlei Hinsicht Neuland betreten und viele der darin vorkommenden Inhalte noch nie erwähnt, diskutiert oder gar im Bild festgehalten wurden. Entsprechend werden etliche Dinge wohl zuerst Staunen hervorrufen, vielleicht auch Misstrauen oder gar Opposition. Dennoch sind wir davon überzeugt, dass letztendlich jeder, der schon mit Haien tauchte oder dies in Zukunft tun möchte, vieles aus diesem Buch ausprobieren wird.

Das Kernstück dieses Buches ist eine Einführung in das ADORE-SANE Konzept. ADORE-SANE ist ein Arbeitskonzept, welches nicht als „in Stein gemeißelt" angesehen werden darf, sondern wir muntern jeden Taucher dazu auf sich das für ihn Beste herauszupicken, abzuändern, zu vervollständigen und anzuwenden. Es gibt viele interessante Details, die aus Platzgründen nicht diskutiert werden konnten; wir haben uns jedoch bemüht dieses Buch so vollständig wie möglich zu gestalten, so dass keine grundsätzlichen Fragen zum Kernthema offen bleiben.

Auf wissenschaftliche Fachbegriffe oder Ableitungen haben wir bewusst verzichtet und eine Sprache gewählt, die geläufig ist. Sollte es dennoch unverständliche Ausdrücke geben, möchten wir an dieser Stelle auf das Namen- und Sachverzeichnis am Schluss des Buches verweisen, das etliche fachsprachliche Begriffe in kurzer Form nochmals erklärt.

Viele Leser werden beim ersten Durchlesen sicher den Eindruck gewinnen, dass der Inhalt des Buches viel zu komplex ist, dass man sich nicht alles merken kann oder dass man unter Wasser kaum Gelegenheit haben wird dieses oder jenes auszuprobieren. Wir sind uns bewusst, dass man sich nie(!) alles merken oder anwenden kann; das ist auch nicht wichtig und schon gar nicht notwendig. Auch wenn man sich nur an das Eine oder Andere erinnert, wird man nach der Begegnung mit einem Hai realisieren, dass man viel Neues dazu gelernt hat und bei einer zweiten Begegnung bereits wesentlich mehr „sehen" wird.

Das Buch diskutiert viele Beispiele und wir hoffen jeden Taucher damit zufriedenzustellen. Aber auch hier möchten wir nochmals hervorheben, dass man wesentlich mehr Beispiele hätte diskutieren können, es aber aus Platzgründen nicht möglich war. Wir sind uns jedoch sicher die wichtigsten gängigen Situationen erfasst und diskutiert zu haben.

Die Wichtigkeit von Mensch-Tier-Beziehungen

Menschen umgeben sich schon seit Jahrtausenden mit Tieren und benötigen sie einerseits als Nutztiere, andererseits als Schutztiere und Lebensgefährten. Gerade die zweite Gruppe ist es, welche die größten Errungenschaften darstellt und über die man Erlebnisse zu berichten hat, wenn es darum geht, wie man mit Hunden, Katzen, Pferden, Vögeln oder anderen Tieren interagieren und „reden" kann. Wie das geschieht, worauf die Tiere reagieren oder was in uns Menschen dabei vor sich geht, ist noch weitgehend unverstanden. Unbestritten ist jedoch, dass zwischen Mensch und Tier Bande bestehen, die weit über das momentane Verständnis und Erklärbare hinausgeht.

Ich habe einen kleinen Vierbeiner, der ständig versucht mit mir zu „reden", mir zeigen will, was er nun gerne machen würde. Er ist permanent auf der „sprachorientierten" Seite - wenn er mal nicht schläft oder Katzen anbellt. Doch was ich primär interpretiere ist nicht sein Gebell oder Knurren, wenn er glaubt, dass ihm wieder Unrecht geschieht, sondern seine Körperhaltung und -sprache mit der er mir zu verstehen geben will, dass nicht er es war, der den Papierkorb zum Umfallen brachte oder der meine Socken unter dem Bett versteckte.

Als ich Bogy zum ersten Mal nach Hause brachte, saßen wir uns beide ziemlich ratlos gegenüber: er auf dem Sofa, ich in einem Stuhl.

Wir starrten uns einfach an. Zwar wusste ich, was für eine Art von Hund ich aus dem Tierheim geholt hatte und wie ich ihn generell behandeln musste, aber sonst war er einfach ein kleiner Kerl, dem es in seiner neuen Umgebung nicht ganz geheuer war - so zumindest deutete ich damals seine Körperhaltung. Heute weiß ich, dass ich seine Körpersprache falsch interpretierte und er mir eigentlich zu verstehen geben wollte, dass er nun gerne raus möchte um den Bäumen beim Wachsen zu helfen. Damals wusste ich es noch nicht, heute braucht er mich nur noch anzuschauen und in mir meine „Bogysprache"-Schublade rauszuziehen um zu bekommen, was er sich wünscht.

Es ist wichtig, dass wir bewusst mit unserer Natur in Kontakt treten, sei es indem wir mit unseren Haustieren spielen oder hinausgehen und Tiere und Pflanzen auf uns einwirken lassen. Das Interagieren mit der Natur erweitert nicht nur unsere Persönlichkeit, sondern auch unser Verständnis, was um uns herum geschieht. Wir Menschen sind Teile des Ganzen. Was immer wir tun ist das Ergebnis der uns umgebenden Einflüsse. Und wohl die reichsten und befriedigensten Erfahrungen machen wir, wenn wir merken, dass wir mit Tieren „reden" können. Tiere versuchen ständig mit uns in Kontakt zu treten, sei es durch Töne, Körperhaltungen oder bestimmte Verhaltensweisen. Hört oder sieht man diese Dinge zum ersten Mal, wird man wohl kaum eine Ahnung davon haben, was sie bedeuten, doch wird man sich sicher dabei erwischen, dass man in irgendeiner Weise auf das Gesehene oder Gehörte reagiert. Genau diese Reaktionen sind es, die wir fördern und pflegen sollten.

Mit Tieren „reden"

Wenn wir vom „Reden" mit Tieren sprechen, meinen wir nicht die verbale Kommunikation sondern die Körpersprache. Diese Form der Sprache schlummert in uns allen und kann, nach einigem Üben, als bewusstes Werkzeug aktiviert und eingesetzt werden. Dass sie uns allen angeboren ist, sieht man schon daran, dass Menschen sich den verschiedenen Tierarten in unterschiedlicher Form nähern oder auf unterschiedliche Art und Weise versuchen mit ihnen in Kontakt zu treten. Hat man einen Vogel vor sich, streckt man den Finger hin, bei einem kleinen Hund geht man in die Knie oder bückt sich, nach einem Pferd streckt man die offene Hand aus. Keine dieser Verhaltensweisen wurde uns gelehrt, sie scheinen „automatisch" zu geschehen.

Doch dieser scheinbare Automatismus ist bereits eine Form der Kommunikation. Die Größe, die Position, die Aussagestärke eines Tiergesichts und viele weitere, visuell wahrnehmbare Situationen beeinflussen unser Verhalten gegenüber Tieren und wie wir mit ihnen kommunizieren. Das Erstaunliche dabei ist, dass einzelne Verhaltensweisen eines Tieres bei unterschiedlichen Menschen sehr ähnliche Verhaltensweisen auslösen. Entsprechend scheint es, dass die Kommunikation mit ihnen zu einem früheren Zeitpunkt der Menschheit eine andere Bedeutung gehabt haben dürfte als heute. Könnte man entsprechend sagen, dass sie eine elementare Notwendigkeit darstellt? Mit großer Sicherheit. Ist die Fähigkeit zur Kommunikation mit Tieren heute noch eine Notwendigkeit? Ohne Zweifel.

Die Notwendigkeit, mit Haien interagieren zu können

Viele Tiergruppen lösen beim Menschen Ekel oder Ablehnung aus. Ich erinnere mich gut an meine Kindheit, als jeder, der eine Schlange im Fernsehen sah, entsetzte Töne von sich gab. Als ich dann im Zoo zum ersten Mal ein lebendiges Exemplar sah, hatte ich nichts anderes im Kopf als das, was ich so oft und für so lange Zeit gehört hatte. Doch nicht nur Schlangen, auch Spinnen, Ratten und andere Tiere, die bevorzugt in Löchern, Gruben, an dunklen Stellen und anderen, für uns „unheimlichen" Orten leben, erzeugen in der breiten Öffentlichkeit dieselbe einheitliche Ablehnung. Allerdings verfolgt viele Tiergruppen nicht nur Abscheu seitens des Menschen, sondern auch Angst und Furcht kommen als wesentlicher Bestandteil dazu. Und wie mit so vielen Dingen, die in Menschen Ablehnung oder Angst auslösen, wird mit Eliminieren, Zerstören oder Ignorieren reagiert - und nicht mit Verständnis oder der notwendigen Offenheit zu verstehen oder herauszufinden, weshalb dieses oder jenes Tier in uns eine solche Reaktion auslöst.

Haie gehören zweifellos ebenfalls zur Gruppe der Tiere, die bei vielen Menschen Ablehnung und Angst hervorrufen, sie andererseits aber auch faszinieren. Will man diese Räuber verstehen, kommt man nicht daran vorbei mit Haien in ihrem natürlichen Lebensraum zu interagieren.

Das Phänomen der „Angzination" – Angst und Faszination

Haie lösen bei den meisten Menschen Angst aus, sind aber gleichzeitig für viele auch faszinierend. Immer mehr Leute, die unsere Kurse besuchen, erwähnen, dass sie, obwohl sie eigentlich Angst vor den Tieren hätten, einen Hai doch einmal „live" sehen möchten, da er in ihnen eben auch eine Faszination auslösen würde. Nicht nur bei Haien gehen Angst und Faszination meist Hand in Hand. Doch sie gehören diesbezüglich zu den absoluten Spitzenreitern und Dauerbrennern. Dass man von Haien fasziniert sein kann ist nachvollziehbar; dasselbe gilt wohl auch für die Angst. Doch wahrscheinlich ist es gar nicht der Hai, vor dem man sich fürchtet; das wird lediglich ins Tier hineinprojiziert. Man hat Furcht vor dem Wasser, der Dunkelheit oder der Tiefe.

All diese Ängste lassen sich auf ein einziges Tier abwälzen. Das Erstaunliche dabei ist, dass es *den* Hai gar nicht gibt, entsprechend kann es *die* Angst vor diesen Tieren auch nicht wirklich geben. Doch was ruft tatsächlich Furcht hervor, wenn man einen Hai sieht oder sich einen solchen vorstellt? Sind es die Zähne, die – abgesehen von ganz wenigen Arten – nur gerade beim Beißen sichtbar werden? Oder sind es die Augen, die Bewegungen? Was letztlich immer der Grund dafür sei, es reicht um Strände in kürzester Zeit leer zu fegen, wenn der Verdacht besteht, dass ein Hai in der Nähe ist. Dabei spielen Art, Größe oder Gründe seines Auftauchens keine Rolle.

Je mehr wir uns mit diesem Phänomen befassen, desto unverständlicher ist es für uns, weshalb man vor diesen Tieren Angst haben kann. Die wenigsten Menschen haben je einen Hai gesehen und noch weniger kamen wirklich in eine Situation, in der sie von einem solchen Tier bedroht wurden - und doch fürchten sich neun von zehn Menschen vor Haien. Definiert man Angst medizinisch, wird diese als ein Spannungszustand beschrieben, der mit Gefühlen der Beengtheit und Bedrohung verbunden ist. Damit sind oft Körperreaktionen wie Zittern, Herzklopfen, Schweißausbrüche, aber auch Schlaflosigkeit und Übererregbarkeit verbunden. Angst kann sowohl eine Reaktion auf eine äußerliche Bedrohung sein wie auch auf eine durch seelische Konflikte hervorgerufene.

Da es, wie bereits erwähnt, die eigentliche reale Bedrohung durch Haie nicht gibt, denn die meisten Menschen würden sich nie einer solchen Situation aussetzen oder in sie hineingeraten, bleibt eigentlich nur der seelische Konflikt übrig. Doch wo soll der herrühren?

Wir diskutierten diese Fragestellung schon oft mit Psychologen und versuchten, Sinn und Lösungen zu erarbeiten. Es gibt Methoden die helfen, Problemen, Ängsten oder Konfliktsituationen zu begegnen. Eine davon ist, dass man sich - zusammen mit einem Helfer - der vermeintlichen Ursache stellt. Auf die Art und Weise versuchen wir seit Jahren Haie den Menschen näherzubringen und zu zeigen, dass die Angst vor ihnen unbegründet ist. Wenn man einmal verstanden und auch wirklich realisiert hat, dass man sich vor Haien nicht zu fürchten braucht, wird man schnell merken, auch andere Dinge im Leben sind vielleicht nicht auf einer wirklichen Angst begründet, sondern sie beruhen vielmehr auf Unwissenheit und falscher Ansicht.

Die Interaktion mit Haien hat allerdings auch einen globalen Wert - den des Schutzes dieser Tiere. Viele Menschen sind nach wie vor der Meinung, dass Haie böse Geschöpfe sind und nur ein toter Hai sei ein guter Hai. Wenn diese Meinung noch ein paar weitere Jahre vorherrscht, werden die Haibestände so stark bedroht sein, dass wir ihren endgültigen Zusammenbruch befürchten müssen. Für jemanden, der Angst vor ihnen hat, ist das sicher kein beunruhigendes Gefühl, für jemanden, der sich für das ökologische Gleichgewicht in den Meeren einsetzt, allerdings eine Hiobsbotschaft wie keine zuvor. Je mehr Menschen mit Haien interagieren, desto mehr werden ihre Meinung ändern und mithelfen die Saat der Einsicht zu säen, dass Haie keine blutrünstigen Bestien darstellen, sondern lediglich unverstanden sind und unsere Hilfe brauchen.

Ein Wort zum Anthropomorphismus

Wer kennt nicht den Ausdruck der *böse* Wolf, der *schlaue* Fuchs oder die *dumme* Gans? Alle drei Ausdrücke haben etwas gemeinsam: Anthropomorphismus - das Hineininterpretieren menschlicher Gefühle in die Erscheinungsweise eines Tieres. Zwar weiß jeder, dass es sich bei den obigen Attributen nur um bildhafte Ausdrücke handelt und dass der Wolf nicht wirklich böse ist oder die Gans dumm, aber Anthropomorphismen haben sich in einem ähnlichen Rahmen auch in der Wissenschaft eingeschlichen und machen gerade das Beschreiben von Tierbewegungen oder „Erscheinungsbildern" teilweise schwierig.

Oft sind Studenten oder auch angesehene Wissenschaftler nicht in der Lage das Verhalten eines Tieres neutral zu beschreiben und haben teilweise mehr als nur die Tendenz, tierische Verhaltensweisen mit menschlichen Gefühlen zu umschreiben. Damit weiß dann zwar jeder, was gemeint ist, doch ist eine solche Beschreibung nicht korrekt. Wenn wir mit Studenten über dieses Thema diskutieren, lautet eine unserer beliebtesten Thesen: Wenn ein Wissenschaftler von einem *aggressiven* Hai spricht, braucht man seine Expertise nicht ernst zu nehmen, denn der betreffende Forscher ist nicht in der Lage, das gesehene Verhalten objektiv - ohne eigene Emotionen - beschreiben zu können und folglich hat er seine Hausaufgaben nicht erledigt. In einer eher bissigen Note lassen wir unsere

Studenten dann aber auch wissen, dass jemand, der einen Hai als *aggressiv* bezeichnet, sicher keine Erfahrung mit diesen Tieren haben kann, weil er ansonsten keinen Ausdruck bräuchte, der wissenschaftlich für diese Tiere noch nie definiert wurde.

Ganz allgemein haben wir große Probleme mit diesem Adjektiv, wenn man es im Zusammenhang mit einem wilden Tier verwendet. Natürlich werden nun viele Leser sagen, dass sie ebenfalls schon einen *aggressiven* Hai gesehen hätten - doch stimmt das wirklich? Wir glauben, dass noch nie jemand einem Hai begegnet ist, dessen Verhalten wirklich einer solchen Emotion entsprach. Ein als *aggressiv* bezeichneter Hai ist entweder ein Hai, der eine erniedrigte Annäherungshemmschwelle hat etwas Neues auszukundschaften und schließlich mit einem Biss vielleicht auch feststellen will, um was es sich handelt. Oder er ist ein sich „normal" verhaltender Hai, dessen innerer Kreis (siehe weiter unten) geringer ist als bei einer - dem Taucher - bekannten Art. Diese beiden Verhaltensmuster scheinen zwar wenig aussagekräftig zu sein, doch geben sie Hinweise darauf, warum ein Hai einem Menschen *aggressiv* erscheinen kann.

Einen Hai als *aggressiv* anzusehen reflektiert die Grundeinstellung, die eine Person gegenüber dieser Tiergruppe hat. Bereits in den späten 1920er Jahren sagte der Philosoph Bertrand Russell, Tiere werden sich immer so verhalten, dass sie die Betrachtungsweise des Beobachters bestätigen. Und auch der Nobelpreisträger Konrad Lorenz hat um 1960 etwas sehr ähnliches gesagt, nämlich dass niemand, der ein Tier nicht wirklich liebt, die Geduld haben wird sich so lange hinzusetzen, wie es notwendig wäre um es auch wirklich zu verstehen (und entsprechend eben die Grundeinstellung früher oder später in einer Beschreibung zum Tragen kommen wird). Wir möchten an dieser Stelle nicht sagen, dass man Haie lieben muss um sie in den Grundzügen zu verstehen, aber wir sind ebenfalls der Überzeugung, dass Menschen, die ihnen eher furchtsam, angeekelt oder in Panik gegenübertreten, ein entsprechendes Verhalten eher sehen und in die Tiere hineininterpretieren als jemand, der ihnen gegenüber ohne Vorurteile ist. Natürlich kennen wir auch hier diejenigen Leute, die uns nun sagen würden, dass sie keine Angst vor Haien haben, aber dennoch sahen sie einen *aggressiven* Hai. Was sagen wir denen? Sofern sie uns Bilder oder Videoclips zeigen konnten, waren es immer die bereits erwähnten Hemmschwellen des Hais, die erniedrigt waren oder das Vorhandensein eines geringeren inneren Kreises, aber keine Aggression. Immer dann, wenn keine Dokumente gezeigt wurden, müssen wir wohl oder übel mit der alten Idee leben, dass Haie und ihre Verhaltensweisen immer größer und bedrohlicher werden, je weiter das tatsächliche Ereignis zurückliegt. Letztendlich sollte man aber nicht die eigentliche Bedeutung von Aggression vergessen: Das Wort stammt vom lateinischen *aggredior* ab und bedeutet Angreifen. Das ist wohl in den wenigsten Fällen im Zusammenhang mit Haien und Menschen je geschehen.

Trotz dieser Bemerkungen sind wir uns sicher, dass *aggressive* Haie - so lange Menschen mit Haien interagieren - in den Medien und Tauchergeschichten Platz haben werden. Es ist uns ein wichtiges Anliegen, den Lernprozess, zwischen Schein und Realität zu differenzieren, in Gang zu setzen.

Gehen wir nochmals zurück zu den beiden möglichen Gründen für einen *aggressiven* Hai. Die erste Erklärung lag in der herabgesetzten Annäherungshemmschwelle. Generell haben Räuber eine natürliche Hemmung sich Unbekanntem und folglich Neuem zu nähern. Diese Schwelle liegt normalerweise relativ hoch und so kommen die meisten Haie nur selten oder gar nicht an Menschen heran, auch wenn sie sie sehen. Das wirft nun natürlich die Frage nach den Gründen auf, die eine Herabsetzung der Hemmschwelle zur Annäherung an ein unbekanntes Objekt bewirken können. Die am häufigsten genannten Gründe sind Hunger, Territorium und Paarung. Keinen dieser drei sehen wir als wirklich relevant an. Dennoch möchten wir kurz darauf eingehen.

1) Kann Hunger eine Herabsetzung der Annäherungshemmschwelle an ein unbekanntes Objekt auslösen?

Im weitesten Sinn kann diese Frage mit „Ja" beantwortet werden. Oftmals beißen Haie um herauszufinden, was „es" ist und ob es möglicherweise essbar ist. Allerdings zweifeln wir an einem hungermotivierten Beißen als Auslöser deswegen, weil ein hungriges Tier eher Beute jagt, die ihm bekannt ist und nicht im Hungerzustand etwas Unbekanntes auswählt, weil das theoretisch gefährlich sein könnte. Außerdem müsste der Hai bei einem möglichen Kampf noch mehr Energie aufwenden um Beute zu machen.

2) Können Territoriumsansprüche zur Herabsetzung der Hemmschwelle beitragen?

Die Frage muss wohl eher mit „Nein" beantwortet werden. Obwohl man immer wieder hört, Haie verteidigten ein Territorium, gibt es keine wirklichen Beweise dafür. Das bedeutet nicht, dass es völlig ausgeschlossen ist, aber vieles spricht dagegen. Ein wichtiges Argument gegen mögliche Territorien bei Haien liegt in der eigentlichen Definition des Wortes, die auf ein Gebiet hinweist, in welchem sich ein Tier ernährt, fortpflanzt und folglich auch permanent lebt. Keine Haiart, die je in einen Unfall verwickelt war, zeigte Anzeichen dafür, dass sie permanent oder auch nur temporär in einer Region lebte, in der sie sich gleichzeitig ernährt und auch fortpflanzt. Sonst hätten wir nach solchen Unfällen bei einer Rekonstruktion die Tiere in der näheren Umgebung erneut sehen müssen.

Wenn man allerdings den Inhalt des Begriffes „Territorium" erweitert und ihn z.B. mit „Verteidigen von Beute in deren unmittelbarer Umgebung während der Zeit des Fressens" kombinieren würde, sieht die Situation anders aus - oder mit anderen Worten ausgedrückt: Wenn ein Hai Beute macht, sie noch nicht vollständig gefressen hat und nun durch Personen in irgendeiner Weise bedrängt wird, kann dies zu Unfällen führen.

3) Können Paarungszeit oder -bereitschaft ein Grund zur Herabsetzung der Annäherungshemmschwelle an ein unbekanntes Objekt sein?

Theoretisch wäre dies möglich, doch geschehen Bisse auch außerhalb von Paarungszeiten. Trotzdem können Unfälle „testosteronbedingt" sein, doch vielleicht eher in dem Sinne, dass Männchen vor Erreichen der Geschlechtsreife beginnen, sich mit anderen männlichen Artgenossen zu messen und sich dann gleichzeitig auch an unbekannte Objekte heranwagen um ihre Stärke und Zielstrebigkeit zu testen.

Der aufmerksame Leser wird am Ende dieses Kapitels nun sagen, auch wir brauchen Anthropomorphismen um Dinge zu erklären. Entsprechend sind wir genauso schuldig wie die Leute, die wir anprangern. In einem gewissem Maße stimmt das. Der Grund hierfür liegt darin, dass wir primär eine „Idee vermitteln" möchten und nicht auf einer wissenschaftlich einwandfreien Darstellung insistieren. Tatsächlich ist es meist wesentlich einfacher und verständlicher tierisches Verhalten ohne weitere Adjektive zu beschreiben und zu erklären.

Im Gegensatz zu vielen Autoren und Rednern sind wir uns dieses Fehlers völlig bewusst und haben, wann immer möglich, entsprechend auch versucht ihn zu vermeiden, aber es schien uns nicht jedes Mal gut und nützlich. Entsprechend möchten wir hier nochmals betonen, dass das vorliegende Buch primär den Versuch darstellt, das Verhalten der Haie einer breiten Leserschaft auf verständliche Art und Weise näherzubringen. Es ist nicht unsere Absicht wissenschaftlich unantastbar zu schreiben.

Guter Hai – böser Hai

Nach dem Lesen des letzten Abschnitts werden wir wahrscheinlich immer noch Zweifler haben, die glauben, es müsse trotzdem Aggressionen bei Haien geben. Das Ganze kann man auch von einer anderen Seite betrachten. Nehmen wir für einen Moment an, dass es wirklich *aggressive* Haie gibt -Haie, die ein „negatives" Verhalten gegenüber Menschen zeigen. Existierten sie, dann müsste es entsprechend auch solche geben, die den anderen Teil des Spektrums repräsentieren: *freundliche* Haie.

Spätestens hier müssten die Aggressionsbefürworter wohl resignieren, denn ihrer Meinung nach dürfte es *freundliche* Haie sicher nicht geben. Und damit wird die Denkweise dieser Leute ad absurdum geführt: Soll die Annahme eines *aggressiven* Hais Bestand haben, muss auch der *freundliche* Hai vorhanden sein und in regelmäßigen Abständen gesehen werden. Doch bisher kam noch nie ein Taucher an die Wasseroberfläche, der sich die Maske vom Kopf riss und berichtete, er sei gerade von einem *freundlichen* Hai angemacht worden.

Gefährliche Haie

Eine ähnliche Frage wie diejenige nach der Aggression bei Haien lautet: Gibt es gefährliche Haie?
Wenn man der gängigen Meinung, die vermehrt durch die einschlägigen oder unkritischen Medien beeinflusst wird, Glauben schenken möchte, sicherlich. Doch nach mehreren Tausend Begegnungen mit allen potentiell „gefährlichen" Haiarten - Tigerhaie, Bullenhaie, Weiße Haie - unter den verschiedensten Bedingungen und immer ohne Schutzkäfig oder Harpune sind wir der Meinung, dass es keine wirklich gefährlichen Haie gibt. Die einzige Gefahr, die bei einer Begegnung mit ihnen entstehen kann, ist das falsche oder unüberlegte Handeln des Interagierenden. Haie sind ungefährlich. Punkt.

Ich bin mir bewusst, dass sich nun einige Leser meinen Unfall vom April 2002 vor Augen führen und das Gesagte in Frage stellen. Mein Unfall ist keine Bestätigung für die Gefährlichkeit der Haie. Es war ein einziges Individuum, das zu einem Biss verleitet wurde. Es war sicher keine Absicht des Tieres mir Schaden zuführen zu wollen, doch kann es leider geschehen, dass Tiere unter gewissen Umständen zu einem Biss verleitet werden.

Zurück zur ursprünglichen Problematik. Weshalb glaubt man beispielsweise, dass Weiße Haie gefährlich sind, auf der anderen Seite Ammenhaie nicht? Die empfundene Gefährlichkeit scheint mit der oben beschriebenen Hemmschwelle im Zusammenhang zu stehen. Die meisten Weißen Haie, Bullenhaie oder Tigerhaie nähern sich nie(!) einem Menschen bzw. beißen ihn gar. Ein sehr kleiner Prozentsatz macht dies allerdings unter bestimmten Umständen („sich nähern" oder - noch seltener - „beißen"). Diese wenigen Individuen einer Spezies sind es, die allen das Prädikat „gefährlich" geben. Keine Art ist *per se* gefährlich. Lediglich einzelne Individuen unter den Großhaien haben eine verhältnismäßig niedrige Hemmschwelle etwas Neues - und darunter sind auch Menschen zu verstehen - zu erkunden. Oder mit anderen Worten gesagt: Sowohl Weiße Haie als auch all die anderen Großhaiarten sind genauso scheu wie Riffhaie; einige Individuen haben allerdings eine geringere Hemmschwelle als andere, was in seltenen Fällen bei einer Interaktion mit Menschen zu Unfällen führen kann.

Es bleibt daher unbestritten, dass eine Begegnung mit Haien grundsätzlich zu Unfällen führen kann. Das alleine ist allerdings kein Grund die Tiere als gefährlich zu bezeichnen.
Das Wort „gefährlich" muss von ihnen losgelöst werden. Noch viel zu oft „profitieren" unkritische Journalisten, Möchtegern-Haikenner und Macho-Taucher von der scheinbaren Gefährlichkeit der Haie. Eine so falsche und für den Übermittler sehr bezeichnende Ansichtsweise muss endlich aus den Köpfen der Menschen verschwinden, wenn wir noch eine Chance haben wollen diese Tiere zu retten. Urteile sollten nur von Leuten gefällt werden, die sich gründlich mit

einer Sache auseinandersetzen und sie über Jahre hinweg untersucht haben. Bei meinem Unfall kam ich nur knapp mit dem Leben davon und hätte sicherlich Grund genug nun ebenfalls von gefährlichen Haien zu sprechen. Doch davon bin ich weit entfernt und sehe die Tiere nach wie vor als das, was sie wirklich sind.

Zu viele Haie werden Jahr für Jahr abgeschlachtet und auch wenn es gelegentlich bereits Stimmen gibt, die sich dagegen aussprechen, sehen die meisten Menschen darin trotz allem eher einen Segen. Denn ihrer Meinung nach sind diese Tiere gefährlich und entsprechend ist es besser, sie nicht im Wasser zu haben. Diese Haltung wird uns in naher Zukunft riesige Probleme bescheren, wenn auf breiter Ebene realisiert wird, dass unsere Meere aus dem Gleichgewicht geraten. Haie sind die häufigsten(!) Großräuber (über 50 kg Körpergewicht) auf unserem Planeten. Plakativ gesagt, muss sich die Natur etwas dabei gedacht haben, wenn sie eine Notwendigkeit in einer derartigen zahlenmäßigen Präsenz sieht. Darf der Mensch diese Ordnung umwerfen? Sicher nicht. Tun wir es? Immer mehr. Können wir etwas dagegen tun? Ja. Wir müssen(!) die Saat säen und die Einsicht fördern, dass man auch mit Haien interagieren (zusammen leben) kann ohne Gefahr zu laufen, gebissen zu werden - und falls es in seltenen Fällen trotzdem geschieht, dürfen solche Unfälle nicht überdimensioniert werden. Sollte es uns gelingen, den Haien ebenfalls den „Flipper-Status" zu geben, haben wir noch eine geringe Chance unsere Meere zu retten.

Haiunfälle

Während all der Jahre, in denen ich mich berufsmäßig mit Haiunfällen befasse, habe ich etwas immer und immer wieder bestätigt gesehen: Jedermann scheint in Sachen Haiunfälle die richtigen Antworten zu haben. Es ist unglaublich, wie viel Unsinn darüber geschrieben wurde und heute noch wird, nicht nur auf populärer, sondern auch auf wissenschaftlicher Ebene. Ereignet sich irgendwo auf der Welt ein Unfall, schießen „Haiexperten" wie Pilze aus dem Boden und versuchen ihr „Wissen" in den Medien zu verbreiten. Das Schlimmste dabei ist, dass dies meistens auch gelingt.

Es gibt wohl kein anderes Gebiet der Zoologie, auf dem so viele Unwahrheiten von Nichtfachleuten verbreitet werden wie in der Haibiologie. Unabhängig davon, dass diese Informationen meist nutzlos oder zumindest längst überholt sind, ist doch eine Sache erstaunlich: Keiner dieser „Experten" ist in der Lage, auch nur geringfügig auf das Tier einzugehen, das gebissen hat. Doch genau dort liegt die eigentliche Wahrheit vergraben. Haie signalisieren, Haie reagieren und ihr Verhalten in dem Zusammenhang ist immer eine Reaktion auf uns Menschen. Entsprechend spielt es eine untergeordnete Rolle, ob man beispielsweise etwas Glitzerndes trägt oder sich alleine im Wasser befindet. Solche Details führen nicht automatisch zu einem Unfall. Vielmehr kommt es auf die verschiedenen Faktoren an, die neben den vermeintlichen Gründen zusammen treffen müssen, damit es letztendlich zu einem Biss kommen kann. Genau diese verschiedenen Faktoren sind es, die wir, mindestens teilweise, in ADORE-SANE beschreiben werden.

Dies ist kein Buch über Haiunfälle und wir betonen, dass wir nicht alle Gründe für Unfälle aufführen können und auch nicht spezifisch darauf hinweisen. Doch möchten wir Eines festhalten: Wenn das Konzept richtig interpretiert und angewendet wird, kann man heikle Situationen erkennen und richtig reagieren.

Wie Haie Menschen „sehen"

In nahezu jedem Haibuch, das man aufschlägt, findet man eine Graphik, die zeigt, wann ein Hai jeweils einen bestimmten Sinn einsetzt. Doch wie können wir sicher sein, dass das der Realität entspricht? Eigentlich gar nicht, denn wir nehmen nur an, die physikalischen Gegebenheiten richtig einzuschätzen und die anatomischen Verhältnisse richtig zu interpretieren. Ich habe immer etwas Mühe, wenn man es einfach als Tatsache hinnimmt, dass ein Tier etwas so sieht, so riecht oder so messen kann. Wir können es nicht mit Sicherheit behaupten, denn wir können uns nicht direkt in das Gehirn eines Tieres einschalten und seine Empfindungen so ableiten, als ob sie uns in menschlicher Sprache eindeutig Auskunft geben würden. Entsprechend sollte das Interpretieren der Sinnesorgane und ihrer Leistungsfähigkeiten als eine *Interpretation der theoretischen Möglichkeiten aufgrund von anatomischen Vergleichen und deren wahrscheinlichen Fähigkeiten* verstanden werden. Deshalb möchten wir nachfolgend auch nicht vertieft auf die einzelnen Organe eingehen und uns über ihre scheinbaren Grenzwerte und theoretischen Möglichkeiten auslassen. Wir wollen lediglich eine Idee vermitteln, wie Haie uns vermutlich „erfassen" und welche Sinne sie wahrscheinlich zu welchem Zeitpunkt einsetzen um dies zu erreichen. Dabei ist es wichtig zu realisieren, dass Haie nicht(!) wissen, was Menschen sind, sondern uns als unbekannte Objekte interpretieren. Unbekannte Objekte können jedoch nicht mit neuen Methoden erfasst werden, denn das Tier kann nur damit „operieren", was ihm eigen ist. Folglich werden Haie Anschwimmmuster verwenden, die sie auch bei anderen unbekannten Objekten verwenden. Sie werden Sinnesorgane in derselben Reihenfolge einsetzen, wie sie es bei bekannten Tieren, z.B. Beutetieren tun und, wohl am wichtigsten, ebenfalls permanent mit ihrer Körpersprache zum Ausdruck bringen, was ihre Absicht ist.

Demnach liegt es an uns Menschen sowohl ihre Körpersprache als auch ihre Signale, verbunden mit den jeweiligen Sinnesorganen, richtig zu interpretieren und für unsere Bedürfnisse zu nutzen.

Als Konsequenz aus diesen Überlegungen muss die nachfolgende Darstellung der einzelnen Sinnesorgane mit gewisser Vorsicht gelesen und verwendet werden. Zwar beschreiben wir hier die Organe nach dem heutigen Stand der Wissenschaft, doch fehlt der direkte Beweis, dass ein Hai das jeweilige Sinnesorgan tatsächlich so verwendet und die Interpretation in erwarteter Weise erfolgt. Kein Wissenschaftler ist in der Lage mit absoluter Sicherheit zu sagen, ob der Gebrauch eines Organs sich wirklich so darstellt wie es unsere Interpretation erscheinen lässt.

Mechanosensorische Systeme

Sich bewegende Objekte erzeugen Druckwellen und Wasserverschiebungen. Erstere werden auch als Töne bezeichnet und sind über große Distanzen wahrnehmbar. Wasserverschiebungen hingegen können nur in geringer Distanz registriert werden. Haie besitzen mindestens drei Formen solcher Mechanorezeptoren, mit denen sie Druckwellen und Wasserverschiebungen registrieren können. Das Innenohr ist dasjenige Organ, welches als erstes eingesetzt wird, wenn es um die Ortung von Tonquellen geht. Das Innenohr wird aber nicht nur zur Registrierung von Tönen sondern auch wie bei uns Menschen zur Messung der Beschleunigung und der Schwerkraft verwendet. Für die Registrierung der Verschiebung von Wasserteilchen (Druck) ist das Seitenliniensystem zuständig (Abbildung 2).

Hören

Unabhängig davon, wie man eine Sinneshierarchie erstellt, scheint das Gehör der Haie dasjenige Organ zu sein, das dem Hai die Anwesenheit einer Person als erstes bekannt gibt. Das Innenohr eines Hais sieht dem des Menschen ähnlich und hat auch dieselben Funktionen, allerdings nicht eine vergleichbare Sensibilität. Das Innenohr von Haien nimmt Schwingungen bis etwa 600 Hz wahr, wobei die größte Sensibilität zwischen 100 und 200 Hz zu liegen scheint. Dieser Bereich erscheint beschränkt, doch darf nicht vergessen werden, dass Haie im Wasser hören müssen und nicht an Land.
Im Gegensatz zu den Innenohren von anderen Wirbeltieren besitzen Haie eine Exklusivität, die „Macula neglecta" genannt wird. Diese Struktur ermöglicht es dem Hai die Richtung, aus der ein Geräusch kommt, festzustellen.

Wasserdruck

Das zweite mechanosensorische Organ eines Hais, das beim Näherkommen eingesetzt werden kann, ist das Seitenlinienorgan. Dieses Organ registriert primär Wasserdruckschwankungen, die ihre Quelle ungefähr zwei Körperlängen vom Hai entfernt haben. Daneben kann es jedoch auch den Wasserfluss selbst (Strömung) feststellen. Der Grundaufbau des Seitenlinienorgans entspricht ungefähr dem des Innenohrs, doch sind die registrierten Schwingungen von einer anderen Frequenz.

Neben der Seitenlinie gibt es noch ein weiteres Organ (das dritte mechanosensorische Organ), das ebenfalls ähnlich aufgebaut ist: die Grubenorgane. Diese Organe dienen ebenfalls der Wasserdruckanalyse, doch sind sie über den ganzen Körper des Hais verteilt und nicht zusammenhängend wie das Seitenlinienorgan. Mehrheitlich spricht man von drei mechanosensorischen Organen, doch gibt es noch zwei weitere: die Spirakularorgane und die Savi-Vesikel. Beide sind jedoch noch nicht im Detail untersucht worden.

Geruch

Damit Haie Gerüche wahrnehmen können, muss in den meisten Fällen eine Strömung vorhanden sein. Dies trifft wahrscheinlich für alle(!) Großhaiarten zu. Gleichzeitig muss eine Substanz ins Wasser abgegeben worden sein, die auch eine entsprechende Reaktion hervorrufen kann. Obwohl es scheinbar sehr einfach ist einen Hai via Geruchskorridor anzulocken, zeigen unsere Experimente immer wieder auf, dass es sich bei Haien nicht um „schwimmende Nasen" handelt. Jeder für uns Menschen scheinbar noch so ideale Köder - verbunden mit dem entsprechenden Geruch - der ins Wasser gehängt wird, ist noch keine Garantie, dass der Hai auch tatsächlich auftaucht. Herrscht hingegen eine starke Strömung und sind die Haie wirklich am Geruch interessiert, ist es durchaus möglich sie aus kilometerweiter Entfernung anzulocken. Wir sind uns sicher, dass uns nun einige Leser an dieser Stelle fragen würden, ob nun Menschenblut oder menschlicher Urin einen Hai anlocken können. Für beide Substanzen muss die Frage mit „Nein" beantwortet werden. Obwohl beide Substanzen immer wieder als Anlockmittel angeführt werden, gibt es keine Hinweise darauf, dass diese je einen Hai angezogen hätten.

Es ist wichtig zu verstehen, dass die meisten Haie eine Strömung brauchen um die Geruchsquelle zu finden (Rheotaxis) und nur ganz wenige Arten wie beispielsweise Ammenhaie in der Lage sind, gegen das eigentliche Konzentrationsgefälle zu schwimmen und so an die Quelle zu gelangen (Klinotaxis).

Sehen

Wenn der Hai in Sichtweite ist, sind wir Menschen zum ersten Mal in der Lage mit dem Tier auf einer Ebene zu interagieren, die uns auch Möglichkeiten zur Analyse gibt. Obwohl wir keine eindeutigen Beweise haben und nur Tests machen können, darf angenommen werden, dass Haie wahrscheinlich unter Wasser ungefähr so sehen wie wir Menschen. Das bedeutet nun nicht, dass sie das Bild auch gleich oder ähnlich so verarbeiten wie wir, doch macht diese Annahme unsere Arbeit mit den Tieren wesentlich einfacher.

Die Augen der Haie sind ähnlich aufgebaut wie unser menschliches und vieles deutet darauf hin, dass sie ebenfalls Farben sehen können. Ob diese Farben auch so interpretiert werden wie wir es tun, muss ebenfalls offen gelassen werden. Der vielleicht größte Unterschied ist, dass Haie ihre Linse im Gegensatz zu uns Menschen nicht krümmen um zu fokussieren sondern diese mit Hilfe spezieller Muskeln nach vorne und hinten verschieben. Sehr unterschiedlich ist auch ihre Fähigkeit Licht aufzunehmen und es zu intensivieren. Die lichtverstärkende Schicht im Auge des Hais wird „Tapetum lucidum" genannt und wirkt sich vorwiegend in der Morgen- und Abenddämmerung vorteilhaft aus. Sie dient als Reflektor um das einfallende Licht nochmals durch die empfindlichen Sinneszellen zurückzuwerfen und sie entsprechend doppelt zu reizen. Dass solche Strukturen tagsüber, wenn der Hai über hellem Untergrund oder nahe an der Oberfläche mit starkem Lichteinfall schwimmt zu einer Blendung führen kann, liegt auf der Hand. Entsprechend sind Haie in der Lage, das „Tapetum lucidum" mit Pigmenten wie Melanin abzudecken.

Das Auge der Haie muss im Vergleich mit anderen Wirbeltieren als gut entwickelt bezeichnet werden. Daher erstaunt es nicht, dass dieses Organ auf verschiedene Weisen im Bedarfsfall geschützt werden kann, entweder mit Hilfe eines dritten Lides oder durch Wegdrehen des Auges nach hinten (Abbildung 3).

Wie Haie letztendlich einen Menschen sehen, werden wir wohl nie erfahren und vieles wird Spekulation bleiben. Dabei ist es sehr erstaunlich, wie Spekulationen - gerade bei Haien - oftmals als Tatsachen hingestellt wurden, ohne dass sie je bewiesen werden konnten. Eine davon, die mit dem Sehen im Zusammenhang steht, ist die Verwechslung eines Seehundes mit einem Wellenreiter aufgrund des - scheinbar - ähnlichen Erscheinungsbildes. Wir möchten an dieser Stelle deutlich hervorheben, dass Haie - in diesem Fall Weiße Haie - einen Wellenreiter nicht(!) mit einem Seehund verwechseln. Zu vieles spricht dagegen. Heute wissen wir, dass diese Theorie so nicht stimmen kann, aber leider wird sie auch in neueren Büchern immer noch als Tatsache erwähnt. Dass in sehr seltenen Fällen Weiße Haie Wellenreiter beißen, steht außer Frage. Aber der Hai „weiß", dass es sich bei einem Wellenreiter nicht(!) um einen Seehund handelt. Je nach den Bissstrukturen liegen die Gründe eher im Ausprobieren, in „Zielübungen" oder sogar im Spielverhalten.

Alle Superräuber - Weiße Haie, Tigerhaie, Bullenhaie und all die anderen Großhaiarten - sind typische „Augentiere", die sich vermutlich bei Sichtkontakt primär mit den Augen orientieren. Entsprechend wird das in diesem Buch beschriebene Konzept auch oft auf den Augenreiz des Hais ausgerichtet sein.

Elektrosensorische Wahrnehmung

Wenn sich ein Hai so nahe an den Taucher heranwagt, dass der ihn berühren könnte, kommt ein Organ zum Tragen, das als „Lorenzinische Ampullen" bezeichnet wird. Es besteht aus kleinen, schlauchförmigen Strukturen, eingebettet in der obersten Hautschicht, mit kleinen Öffnungen, die über die ganze Schnauzenregion verteilt und als kleine schwarze Punkte sichtbar sind. Mit diesem Organ sind Haie in der Lage Unterschiede von bioelektrischen Feldern wahrzunehmen, die im Bereich von zehntausendstel Millivolt liegen. Dass sie mit seiner Hilfe wahrscheinlich auch in der Lage sind das erdmagnetische Feld wahrzunehmen, macht die Fähigkeiten dieser Tiere noch erstaunlicher. Wie sie dies allerdings erreichen, ist noch nicht detailliert erforscht.

Berühren

Es muss angenommen werden, dass Haie mit bestimmten Körperregionen auch die Festigkeit eines Objekts erfassen können (Abbildung 4), indem sie es leicht berühren, oder auch in das Objekt hineinschwimmen (rammen).

Geschmack

Wenn ein Hai zubeißt, kann das aus dem Fressverhalten heraus geschehen oder aber um herauszufinden, was für ein Gegenstand das ist. Ein solches „Testbeißen" nennen wir auch „Gaumenbeißen", da das Tier nicht wirklich zubeißt, sondern das Material lediglich so fest hält, bis es mit den Geschmacksknospen in Kontakt kommen kann. Die Knospen sind kleine, mit Nervenendungen versehene Hügelchen in der Maul- und Rachenregion.

Unser kleiner Überblick über die Sinnesorgane zeigt, dass Haie mit einer Vielzahl von Organen ausgestattet sind, die alle möglichen Schwingungen, Drucke, Farben und Gerüche wahrnehmen können. Zwar beginnen wir diese Organe im Ansatz zu verstehen, doch gibt es noch andere, wie beispielsweise solche in der Haut, die Deformierungen, Spannungen und sogar Wärmeeinflüsse wahrnehmen können. Deren Funktionsweise zu verstehen sind wir noch weit entfernt.

Es gibt Anlass zu Vermutungen, dass weitere Sinnesorgane existieren könnten. All die oben erwähnten sind passive Organe, d.h. sie empfangen lediglich Signale. Keine andere Tiergruppe entwickelte so viele hoch entwickelte Organe, die alle momentan bekannten

Formen von Reizen vergleichbar effizient verarbeiten können wie die Haie. Wäre es da nicht naheliegend, dass sie auch Organe und Strukturen entwickelt haben könnten, die ihnen eine aktive Kommunikation untereinander ermöglicht und auf die wir einfach noch nicht gestoßen sind? Durchaus!

Die Entstehung des ADORE-SANE-Interaktionkonzepts

Über Jahre hinweg tauchten, schnorchelten und interagierten wir mit Haien. In früheren Jahren waren es vorwiegend Fotos, die wir machten; später kamen das Video und die Rekonstruktion von Unfällen mit Haien hinzu. Zusehens häuften sich die Haibegegnungen und unsere Akten darüber nahmen immer größeren Umfang an.

Gleichzeitig begannen wir auch vermehrt interessierte Taucher mitzunehmen um ihnen diese faszinierenden Tiere näher zu bringen. Dabei wurde es zu einem wichtigen Schritt jeweils vor dem Tauchgang zu erklären, was sie erwartet, wie sie sich zu verhalten und worauf sie zu achten haben. Im Laufe der Zeit entwickelten wir eine Art von Liste, die wir mit unseren Besuchern durchgingen und auch wir verließen uns zunehmend auf das Abstrahieren einzelner Begegnungen. Das wurde um so mehr notwendig, als wir unsere Begegnungen ständig weiter entwickelten und uns teilweise in Situationen wiederfanden - gerade mit Weißen Haien - bei denen jeder scheinbar noch so kleine Hinweis zur Motivationslage des Tieres hinsichtlich seiner Anwesenheit und Absicht von besonderer Bedeutung war.

Während solcher Begegnungen mit Großhaien realisierten wir, dass sich die Haie oft sowohl in ähnlicher Weise an uns Menschen heranwagten als auch vergleichbare Verhaltensweisen zeigten und gleichzeitig auch ähnliche Anpassungen an unterschiedliche Umgebungen zu beobachten waren. Entsprechend begannen wir Videos und Bilder auf unsere Beobachtungen hin zu analysieren und erkannten bald, dass sich die Anfangsvermutungen bestätigten.

In einer ersten Phase stellten wir einen Fragenkatalog zusammen, der uns persönlich interessierte und von dem wir wissen wollten, ob wir die entsprechenden Fragen während der einzelnen Begegnungen mit einem Hai beantworten konnten. Die ersten Anwendungen schienen dies zu bestätigen und wir begannen ein Grundkonzept zu entwickeln. Zu dem Zeitpunkt konzentrierten wir uns allerdings nur auf den Hai und ließen den Einfluss des Menschen noch völlig offen. Das änderte sich sehr schnell, als wir die ersten Freiwilligen in bestimmten Situationen mit Haien konfrontierten und merkten, dass die erwarteten Verhaltensweisen bei den einzelnen Haiarten anders waren als wir sie erlebt und protokolliert hatten. Dieser Unterschied war es, der uns zeigte, dass eine Haisituation mit verschiedenen Menschen in einem solchen Maß verändert werden kann, dass jedes der Grundmuster davon betroffen sein kann.

Entsprechend erweiterten wir das Konzept, so dass beide Aspekte - Hai und Mensch - berücksichtigt wurden und ihre gegenseitige Beeinflussung miteinbezogen werden konnte. Nachdem das in ersten Grundzügen erreicht zu sein schien, suchten wir uns wieder Freiwillige, die gewillt waren, sich weiteren Situationen und Begegnungen mit Haien auszusetzen. An dieser Stelle möchten wir darauf hinweisen, dass wir nie Menschen in Situationen exponierten, die nicht von uns selbst vorher unter erschwerten Bedingungen getestet und durchlaufen wurden. Als das Konzept dann in dieser Form existierte, luden wir verschiedenste Personen aus den unterschiedlichsten Berufsgruppen mit jeweils anders gelagerten Aktivitätsinteressen und „Angstzuständen" ein um das Konzept anzuwenden. Dabei filmten und interviewten wir sie – vor den Begegnungen und nachher – und fügten anschließend aufgrund ihrer Antworten und Reaktionen weitere Situationen hinzu.

Die ersten Anwendungen unseres Konzeptes führten wir in den USA, den Bahamas und in Südafrika durch; entsprechend erfolgten alle Bezeichnungen in Englisch, da wir vorwiegend mit Mitarbeitern aus diesem Sprachraum arbeiteten. In der Anfangsphase legten wir keinen Wert auf eine detaillierte Bezeichnung des Konzepts, sondern nannten es einfach „Concept". Doch drängte sich im Laufe der Zeit eine Bezeichnung auf und wir begannen mit den Bezeichnungen der Teilaspekte, die innerhalb des Hai- und Menschteils bereits definiert waren, Wortspiele zu machen. Am Geeignetsten erschien es uns, die allgemeine Bezeichnung des Konzepts so zu wählen, dass sie auch gleichzeitig eine „Eselsbrücke" darstellen würde, da es sich doch um ein komplexes Ganzes handelte. Mit anderen Worten, die ersten Buchstaben der jeweiligen Teilkonzepte sollten dem Gesamtkonzept den Namen geben.

Dass daraus ADORE und SANE entstanden sind, war zwar ein Zufall, doch waren diese beiden Wörter so treffend, dass es außer Frage stand, noch nach weiteren Kombinationen zu suchen. ADORE bedeutet im Englischen „bewundern" und da sich der so bezeichnete Teil ausschließlich auf Haie bezieht, schien uns das mehr als nur angenehm. SANE bedeutet „rational-normal", was für Menschen ebenfalls zutreffend war (Abbildung 5).

Auf den nächsten Seiten werden wir ADORE-SANE erklären, den interessierten Leser in eine für ihn wahrscheinlich eher unbekannte Welt mit Haien entführen und dabei ein Bild beschreiben, das den meisten völlig neu sein wird. ADORE-SANE bietet nicht nur die Chance eine Situation mit einem Hai zu interpretieren und seine wahrscheinlichen Absichten festzustellen, sondern es ermöglicht auch in scheinbar „gefährlichen" Situationen richtig zu handeln bzw. sich entsprechend zu verhalten. Weiter bietet ADORE-SANE auch die Möglichkeit Unfallrekonstruktionen mit Haien besser analysieren und verstehen zu können, doch werden wir diesen Aspekt im vorliegenden Buch nicht näher behandeln.

Grundzüge zum Verständnis des Konzepts

Haie versuchen, mit Menschen zu interagieren. Dabei muss einmal mehr hervorgehoben werden, dass wir für sie etwas Unbekanntes darstellen und sie sich uns normalerweise mit Zurückhaltung nähern. Für Haie sind wir „unbekannte Objekte", doch unabhängig davon, ob wir für sie etwas Unbekanntes oder Bekanntes darstellen, haben sie lediglich die ihnen arttypischen Formen von Körperhaltungen und Annäherungsverhalten zur Verfügung um mit uns zu interagieren. Ein Problem liegt darin, dass es oft sehr schwierig ist herauszufinden, ob sich das Tier mit der Situation als solches befasst oder versucht, mit uns zu interagieren und reagierende Verhaltensweisen auszulösen.

Wie wir später sehen werden, können sich einzelne Individuen der gleichen Art in ähnlichen Situationen unterschiedlich verhalten. Dasselbe gilt auch für den Vergleich zwischen männlichen und weiblichen Tieren oder Jungtieren und Adulten. Doch unabhängig von der Art gelten für die meisten der bis heute untersuchten Haiarten bestimmte Grundmuster.
Einige Taucher kennen wohl das Bild: Man springt ins Wasser und sieht einen Hai, der zwar generell in die Richtung des Tauchers schwimmt, allerdings nicht direkt auf ihn zu, sondern in einem bestimmten Winkel. Es kann als sicher angenommen werden, dass dieser Hai zwar die Position des Menschen sofort wahrgenommen

hat, seine Schwimmrichtung ist aber eine unmittelbare Anpassung an die neue Situation mit dem Taucher (Abbildung 6). Wie wir Menschen, so haben auch Haie Bereiche - persönliche Distanzen - um sich herum, die ihr Interagieren mit anderen Haien oder unbekannten Objekten beeinflussen.

Was wir damit konkret meinen, erklären wir unseren Studenten meistens an einem einfachen Beispiel: Man läuft über einen Platz und die gewählte Richtung würde direkt zu einer Person hinführen, vor der man einen gewissen Respekt (Angst) hat. Sobald das registriert worden ist, wird man die Richtung geringfügig ändern um in einer bestimmten Distanz zu dieser Person - vorausgesetzt, sie bewegt sich nicht - vorbeigehen zu können, ohne von ihr belästigt zu werden oder sich bedroht zu fühlen. Eine ähnliche Situation können wir bei Haien beobachten, doch ist es hier nicht ein zweidimensionaler, sondern meist ein dreidimensionaler Raum, in dem solche „Bezugspunkte" auftreten können.

<u>Der äußere Kreis, die äußere Schwelle</u>

Den ersten Punkt, der eine primäre Reaktion bei einem Hai in Bezug auf seine Schwimmrichtung als Anpassung an die Position einer Person im Wasser hervorruft, bezeichnen wir als die äußere Schwelle. Diese Schwelle ist bildlich jedoch eher als eine Kugel zu verstehen, in deren Zentrum sich der Hai befindet. Diese den Hai umgebende „Kugel" kann als erste persönliche Distanz verstanden werden. Sobald sie etwas Unbekanntes „berührt", wird das Tier eine entsprechende Reaktion zeigen (Abbildung 7). Wir nennen diese „Kugel" der Einfachheit halber auch den *äußeren Kreis*, denn es ist im Umgang mit Haien einfacher, sie auf einer Ebene mit uns selbst zu sehen und sich entsprechend einen Kreis um den Hai vorzustellen. Unabhängig davon, wo man sich in Position zu einem Hai befindet, kann man sich leicht das Tier und sich selbst als „auf einer Ebene" vorstellen. Wenn nun ein Hai näher kommt und eine erste Reaktion zeigt oder er mit anderen Worten die äußere Schwelle erreicht, ist der Anpassungswinkel der entscheidende Faktor für die weitere Interaktion mit dem Tier.

Anpassungswinkel

Alle Tiere haben eine Komfortzone um sich herum. Das ist etwas, was wir Menschen auch als persönliche Distanz bezeichnen. Wie schon im obigen Beispiel beschrieben, wird der Hai eine Richtungsänderung vornehmen, um nicht mit der Person zu „kollidieren" beziehungsweise interagieren zu müssen. Diese Richtungsanpassung nennt man den Anpassungswinkel. Je größer der Winkel ist, desto größer wird der kleinste Abstand des Hais zur Person, wenn er an ihr vorbeischwimmt und desto größer ist auch seine „Zurückhaltung". Auf der anderen Seite bringt ein kleiner Anpassungswinkel das Tier entsprechend immer näher an die Person. Der Anpassungswinkel gibt Auskunft über die Forschheit beziehungsweise Zurückhaltung des Hais bei einer Begegnung.

Innerer Kreis, innere Schwelle

Die geringste Distanz, in der sich ein Hai an eine Person oder ein anderes Objekt im Wasser in der Anfangsphase heranwagt, nennt man die innere Schwelle oder den *inneren Kreis*. Wie schon der äußere Kreis ist auch der innere Kreis als Kugel zu verstehen mit dem Hai als Zentrum (Abbildung 7). Zum besseren Verständnis benutzen wir auch hier das Bild des Kreises, da man den Hai und sich selbst hierbei auf einer Ebene sieht. Grob geschätzt hat der innere Kreis meist einen Radius von 1,5 bis 2 Körperlängen des Hais. Natürlich gibt es Ausnahmen, wie beispielsweise bei den Weißen Haien, doch begegnet man dieser Art beim täglichen Tauchen im Freiwasser eher selten. Der innere Kreis ist im allgemeinen relativ klein, was darin begründet liegt, dass Haie bei einem solchen Abstand zum Objekt in der Lage sind, es mit dem Seitenlinienorgan zu „orten". Ob sich ein Hai tatsächlich auf diese Distanz genähert hat, kann dadurch festgestellt werden, dass man sich leicht auf den Hai zubewegt. In den meisten Fällen wird das Tier sofort eine Reaktion weg(!) von der Person zeigen, sollte der innere Kreis wirklich erreicht sein. Obwohl innere Kreise bei allen Haiarten vorzukommen scheinen („scheinen" deshalb, weil wir ja noch bei Weitem nicht alle kennen), sind diese doch von Art zu Art, von Geschlecht zu Geschlecht unterschiedlich und auch vom Alter abhängig.

Dass am inneren Kreis oft intensive Reaktionen gesehen werden, oder zumindest hineininterpretiert, sieht man auch daran, dass an dieser Schwelle oft Taucher glauben, dass sie einen aggressiven Hai vor sich haben. Dieses Phänomen hängt wohl damit zusammen, dass Taucher oft lange Zeit nur mit einer einzigen Haiart getaucht haben und wissen, bei welcher Distanz diese Tiere in den meisten Fällen abdrehen werden.

So gibt es viele Taucher, die z.B. in nördlichen Regionen tauchen und dann meistens mit Blauhaien in Kontakt kommen. Die Tiere haben - unabhängig vom Geschlecht oder Alter - einen eher großen inneren Kreis, verglichen mit anderen bekannten Arten. Taucht man für längere Zeit nur mit dieser Art, wird man früher oder später „wissen", wann diese Haie abdrehen. Das so erworbene Distanzgefühl wird sich dann bei Begegnungen mit einer anderen Art nachhaltig auswirken, z.B. falls es sich dann um Bullenhaie handelt, die einen wesentlich(!) kleineren inneren Kreis besitzen und dementsprechend näher kommen (Abbildung 8). Erreicht nun der Bullenhai den von Blauhaien gewohnten inneren Kreis und unterschreitet ihn, wird das Unterbewusstsein des Menschen in Alarm versetzt. Der Taucher wird in den meisten Fällen mit einem Rückzug reagieren, weil er die Anschwimmweise als „aggressiv" empfindet. In Tat und Wahrheit war der Bullenhai natürlich nicht aggressiv, sondern verhielt sich lediglich artentsprechend.

Eine weitere Situation für eine scheinbare „Aggression" entsteht dann, wenn ein Hai sich vor einem Taucher „aufstellt" (Abbildung 9). So etwas geschieht meist im offenen Wasser, wenn sich der Hai einem Taucher nähert und dabei leicht über ihm schwimmt. Kommt das Tier dann mit seinem inneren Kreis (Kugel) mit dem Taucher in „Berührung", versucht es meist abzubremsen bzw. über den Taucher wegzuschwimmen, was dann wie ein „Aufstellen" ausschaut und sehr bedrohlich wirken kann.

Interzone

Zwischen der äußeren und der inneren Schwelle befindet sich die Interzone als derjenige Bereich, in dem man die Signale eines Hais am besten „lesen" und interpretieren kann. In dieser Zone zeigt ein Hai zumeist weitere Reaktionen (Abbildung 6). Da er bei der äußeren Schwelle bereits eine Richtungsanpassung vorgenommen hat und sich der inneren Schwelle nähert, kann - sollte sich die Person bewegen - mit sehr eindeutigen Reaktionen seitens des Hais gerechnet werden. Schwimmt der Taucher z.B. auf das Tier zu, wird es häufig den Anpassungswinkel entsprechend der momentanen Position des Tauchers verändern. Sollten sich Haie allerdings durch die Bewegungen des Menschen bedroht fühlen, drehen die meisten Tiere mit einem großen Winkel vom Taucher weg oder machen sogar eine 180°-Drehung. Aber auch die Bewegungslosigkeit des Menschen veranlasst den Hai in diesem Bereich zu weiteren Reaktionen, da er sich generell in der Nähe - eines ihm unbekannten Objekts - befindet. Wie später noch beschrieben wird, ist die Schwimm- und Körperbewegung des Hais ein Spiegelbild von Position, Bewegung sowie generellem Verhalten des Tauchers.

Hot Zone

Die „heiße Zone" ist der Bereich zwischen der inneren Schwelle und der Person. In den meisten Fällen wird ein Hai nie in diese Zone kommen, doch kann es in seltenen Fällen geschehen. Sollte es tatsächlich passieren, ist die wichtigste Regel, dass man nicht „die Nerven verliert" und unter keinen(!) Umständen das Tier zu schlagen beginnt.

Es wird immer wieder gesagt, man sollte in einer solchen Situation einen Hai mit der Kamera oder anderen harten Gegenständen, die man bei sich trägt, schlagen. Doch genau das wird verhindern, was man erreichen will, nämlich das Wegschwimmen des Tieres. Wenn ein Hai in „Schlagdistanz" oder in dessen Nähe kommt, gibt es zwei sinnvolle Verhaltensmuster. Zuerst sollte man immer Wasser gegen das Tier drücken – sofern man glaubt, dass dies notwendig ist. Falls man vertikal im Wasser steht, kann dies mit Flossenbewegungen geschehen (eine Ausnahme bilden die Weißen Haie, da sollten die Flossen nicht bewegt werden). Will man in der horizontalen Lage bleiben, kann dafür die Hand gebraucht werden. Veränderungen des Wasserdrucks spielen im Leben eines Hais hinsichtlich Kommunikation eine wichtige Rolle. Wenn sich die Druckveränderung auf die Kopfregion (Augen und Kiemen) auswirkt, löst das meist eine deutliche Reaktion aus und das Tier wird sich in seiner Schwimmrichtung anpassen und meist zurückziehen resp. sich von der Person ein bisschen entfernen.

Sollte der Hai keine oder nur eine undeutliche Reaktion zeigen, muss(!) man das Tier herankommen lassen, bis man es mit der Hand oder dem Fuß wegdrücken beziehungsweise ihm eine Richtungsänderung aufzwingen kann. Dabei sollte der „Druckpunkt" auf der Schnauzenspitze liegen. Das sachte(!) Wegdrücken eines Haikopfes führt in den meisten Situationen zum Erfolg. Sogar bei Weißen Haien und Bullenhaien, zwei Arten, die eine verhältnismäßig schlechte Reputation im Zusammenhang von Unfällen mit Menschen haben, zeigte sich bis jetzt immer die gewünschte Reaktion. Wichtig ist, dass eine aggressive Verhaltensweise von menschlicher Seite unter allen Umständen vermieden werden sollte.

Körperhaltung und Körpersprache

Diese zwei Begriffe gehen zwar Hand in Hand, doch sollten sie getrennt betrachtet werden. Wir werden hier bei ihrer Definition nicht ins Detail gehen, doch möchten wir hervorheben, dass die Körperhaltung eher eine „Momentaufnahme" darstellt, während die Körpersprache mehrere „Verhaltenssequenzen" beinhaltet. Den Verhaltensweisen, die länger andauern, sollte vermehrt Aufmerksamkeit geschenkt werden, da sie fließend sind und laufend durch die Situation beeinflusst werden können. Im weiteren Text werden wir nicht jedes Mal darauf hinweisen, ob es sich eher um eine Momentaufnahme oder eine Sequenz handelt, wir möchten jedoch jeden Taucher dazu ermuntern, wann immer er einen Hai sieht zu versuchen, nicht die Momentaufnahme zu analysieren, sondern die Bewegung des Tieres als Ganzes in Zeit und Raum zu verfolgen.

Bedeutung der Körpersprache

Der Körpersprache kommt im Tierreich eine große Bedeutung zu. Tiere nutzen sie um sich mit Artgenossen und Konkurrenten zu verständigen. Dabei zeigt das Tier Verhaltensweisen, die vom menschlichen Beobachter meist mit anthropomorphen Begriffen wie Angst, Unterwürfigkeit oder Aggression beschrieben werden. Man kann allerdings davon ausgehen, dass solche durch Verhaltensweisen vermittelten Signale an Artgenossen oder andere Organismen weitaus komplexer sind. Ihre exakte Bedeutung wird von uns Menschen in den meisten Fällen nur ungenügend verstanden. Meistens handelt es sich um Verhaltensweisen, die in ähnlicher Form im Zusammenhang mit Nahrungserwerb oder Fortpflanzung zu beobachten sind, zwei Aspekten der Lebenszyklusstrategie von Tieren, die von Biologen besonders detailliert untersucht werden.

Es ist ein wichtiger Aspekt der Biologie, Verhaltensweisen zu analysieren und zu interpretieren. Hierdurch wird ermöglicht, die Motivation eines Tieres abzuschätzen und weitere Absichten zu erahnen. Vorausgesetzt, man kennt sein Verhalten, dann kann z.B. die Art und Weise der Bewegung Aufschluss darüber geben, was es als nächstes tun wird. Dies ist natürlich gerade im Umgang mit Großhaien von Bedeutung.

Die Nulllinie

Ein Verhalten zu beschreiben, stellt den Forscher immer wieder vor Schwierigkeiten. Dabei stellt nicht das eigentliche Verhalten das Problem dar, sondern vielmehr das, womit wir es vergleichen, um es beispielsweise einer anderen Person zu beschreiben und zu erklären. Auch in Alltagssituationen erklärt man Neues mit allgemein Bekanntem und vergleicht es zu diesem Zweck.

Ähnlich werden neue Verhaltensweisen bei Tieren beschrieben. Man zeigt zunächst ein bekanntes Verhaltensmuster auf (die Nulllinie), dann wird das neue beschrieben und wie es von der Nulllinie abweicht. Das Problem liegt nun aber darin, dass uns diese Nulllinie häufig fehlt und man das gesehene Verhalten nicht oder nur unzureichend darstellen kann. Entsprechend ist es wichtig, dass man sich so lange wie möglich unter den Tieren, deren Verhalten man beschreiben will, aufhält. Durch diese langfristigen Beobachtungen lässt sich herausfinden, welche Verhaltensweisen permanent vorkommen, welche nur selten unter bestimmten Umständen zu beobachten sind und worin sie im Vergleich zu den gängigen (Nulllinie) abweichen. Befindet man sich lange genug unter Tieren, wird es mit der Zeit leicht(er) fallen, neue Verhaltensweisen zu beobachten und sie dann zu beschreiben.

Annäherungsmuster

Entgegen der allgemein verbreiteten Ansicht zeigen die meisten Haie bei Begegnungen mit Menschen Annäherungsmuster, die zwar geringfügig unterschiedlich sein können, jedoch meist sehr deutlich sichtbar sind (Abbildung 10). Diese Muster unterscheiden sich nicht vom vorher Beschriebenen, vielmehr hat das Tier lediglich an der äußeren Schwelle bereits eine Schwimmrichtung, die es parallel zum Objekt vorbei schwimmen lässt, so dass sein innerer Kreis die Person gerade berührt. Einige von ihnen werden nun kurz beschrieben, wobei in Klammern die jeweiligen englischen Begriffe angegeben sind, die wir normalerweise dafür benutzen.

Passieren (Pass)

In den meisten Fällen sind Haie an Menschen nicht interessiert oder zu scheu und schwimmen in großem Abstand an uns vorbei. Entscheidend ist, dass sie dabei eine mehr oder weniger gerade Linie verfolgen und ihre Richtung nicht durch eine Person im Wasser beeinflusst wird. Verständlicher wird das Passieren eines Hais, wenn man sich an das Bild des äußeren Kreises erinnert und daran, wie nahe das Tier kommen müsste um die innere Schwelle zu erreichen. Das Passieren kann jedoch auch Teil einer andauernden Begegnung sein, wobei das Tier zwischen verschiedenen Mustern wechselt. Die Bedeutung eines solchen Passierens ist dann mit einem deutlichen Interesse des Tieres verbunden (Abbildung 11).

Frontales Anschwimmen (Frontal Checkout)

Frontales Anschwimmen kann häufig bei großen Haiarten, wie z.B. den Weißen Haien beobachtet werden. Eher selten sieht man es bei kleineren Arten, die im Riff leben. Beim frontalen Anschwimmen existiert entweder keine eigentliche äußere Schwelle oder sie ist nur schwer zu erkennen; hingegen ist der innere Kreis gut sichtbar.

Der Hai schwimmt dabei direkt auf den Taucher zu, macht beim Erreichen des inneren Kreises eine 180°-Drehung und entfernt sich danach in die Region, aus der das Tier ursprünglich auftauchte. Die Distanz zum Taucher beim Umkehrpunkt entspricht dabei dem Radius des inneren Kreises. Diese sehr direkte Anschwimmweise ist nicht(!) mit einer Zunahme der Schwimmgeschwindigkeit verbunden. Beim Umkehrpunkt sind häufig weitere Verhaltensmuster wie Augenrollen, Kopfdrehen oder Brustflossensenken zu beobachten (siehe weiter unten). Frontales Anschwimmen ist ein Auskundschaftsverhalten.

Seitliches Anschwimmen (Lateral Checkout)

Der Unterschied zwischen frontalem und seitlichem Anschwimmen liegt vorwiegend darin, dass der Hai beim Letzteren zweimal am Objekt vorbei schwimmt.
Dabei erscheint das Tier meistens von der Seite aus im Sichtfeld des Tauchers. Zunächst schwimmt es an ihm vorbei, dreht dann, sobald es den Menschen passiert hat und kommt ihm nochmals relativ nahe (Abbildung 12). Gerade beim zweiten Passieren ist das Tier gerade so nahe, dass es sein Seitenlinienorgan einsetzen kann. Dieses Annäherungsverhalten geht oft mit Augenrollen und Kopfdrehen einher (siehe weiter unten).
Bei Weißen Haien sind seitliche Anschwimmmuster mit größter Vorsicht zu betrachten, da sie mit einem deutlichen Interesse an der

Person verbunden sind. Wie das frontale Anschwimmen ist auch das seitliche Anschwimmen ein Auskundschaften.

Umrunden (Go Around)

Beim Umrunden kommt der Hai zwar auch relativ nahe heran, doch bleibt er häufig etwas weiter entfernt als es die innere Schwelle erwarten ließe. Auch hierbei handelt es sich um ein Auskundschaften.

Aufsteigen (Vertical Approach)

Diese Verhaltensweise findet sich primär bei Weißen Haien. Sie kommen relativ langsam aus tieferen Regionen nahezu senkrecht auf den Taucher zu und drehen beim Erreichen des inneren Kreises (man erinnere sich: Tatsächlich ist der innere Kreis in Wirklichkeit ja eine Kugel!) leicht ab und enden so auf Körperhöhe des Tauchers. Auch bei diesem Verhalten handelt es sich um das Auskundschaften des Menschen.

Weitere Bewegungsmuster

Es gibt eine Vielzahl weiterer Bewegungsmuster, die man bei Haien beobachten kann. Für die Beurteilung dieser Verhaltensweisen ist es wichtig, sich stets zu vergegenwärtigen, dass sie oft von der Umgebung beeinflusst werden (siehe weiter unten). Die im letzten Kapitel beschriebenen Muster sind längst nicht vollständig. Der aufmerksame Taucher wird schnell weitere erkennen, die nicht nur zufällig durch die Situation entstanden sind, sondern unter verschiedenen Bedingungen wiederholt sichtbar werden und zum Verhaltensrepertoire eines Hais gehören.

<u>Bedrohungswinkel</u>

Hat der Hai an der äußeren Schwelle einen bestimmten Anpassungswinkel angenommen und bewegt sich der Taucher nun nicht, wird das Tier mit großer Wahrscheinlichkeit seine Richtung beibehalten. Schwimmt hingegen der Taucher auf den Hai zu, wird es je nach Winkel – nämlich dem zwischen der Richtung des Hais und demjenigen des Tauchers zu dem Tier – zu einer entsprechenden Reaktion des Hais kommen.

Diese Reaktion bedeutet in den meisten Fällen eine Anpassung der Schwimmrichtung, die dann vom Taucher wegführt. Winkel, die kleiner als 30 Grad sind und dementsprechend eine grundsätzlich direkte Anschwimmrichtung des Menschen auf den Hai zu darstellen, werden von dem Tier als Bedrohung angesehen. Größere Winkel werden entsprechend eine kleinere oder nur geringfügige Richtungsänderung zur Folge haben (Abbildung 13).

Da die meisten Haie mit Rückzug reagieren, wenn ein direkte(re)s Anschwimmen von Seiten des Tauchers erfolgt, ist die naheliegendste aktive Maßnahme - sollte sich der Mensch bedroht fühlen - sich direkt auf das Tier hin zu bewegen. Der Grund hierfür liegt darin, dass Haie Menschen als unbekannte Objekte einstufen und sich entsprechend nur mit großer Vorsicht nähern. Ein Annähern durch das unbekannte Objekt selbst wird im Hai eine entsprechende Reaktion auslösen.

Blinde Regionen und blinder Winkel

Obwohl Haie mit einer Vielzahl hochentwickelter Sinne ausgestattet sind, haben auch sie Körperregionen, in denen die Fähigkeit Objekte zu erfassen limitiert oder gar unmöglich ist. Diese Regionen befinden sich auf dem Rücken hinter der ersten Rückenflosse bis zum Schwanz und auf der Unterseite des Körpers (Abbildung 14).
Mit Ausnahme des Gehörs sind die Sinnesorgane vorwiegend nach vorne, nach oben, zur Seite hin, aber weitgehend nicht nach unten bzw. hinten ausgerichtet. Entsprechend ist es möglich, dass Taucher einen Hai „überraschen" können, indem sie ihn aus dem entsprechenden Winkel (blinder Winkel) anschwimmen.

Augenrollen, Kopfdrehen und „Gaping"

Körpersprache und Körperhaltung werden oft durch verschiedenste Verhaltensweisen wie „Augenrollen" oder „Kopfdrehen" intensiviert. Wie beim Menschen, bei dem eine gebückte Haltung oder hängende Schultern zunächst ein gewisses Bild vermittelt, sind es die detaillierteren Beobachtungen, wie z.B. ein „hämisches" Grinsen oder „unruhige" Augen, die letztlich über den Zustand der Person eine deutliche Auskunft geben.

Auch auf Haie trifft dies zu. Nachdem das erste Erscheinungsbild betrachtet und analysiert wurde (siehe Kapitel „A" aus ADORE), kann man sich auf die kleinen, aber aussagekräftigen Einzelheiten konzentrieren. Diese „Charakteristiken" sind aber meist erst in unmittelbarer Nähe des inneren Kreises zu sehen.

„Augenrollen" steht mit „Kopfdrehen" in engem Zusammenhang. Sie unterscheiden sich voneinander, weil beim Augenrollen nicht der Kopf, sondern lediglich ein Auge dem Objekt „folgt", wenn das Tier vorbei schwimmt. Dabei scheint sich das Auge nach hinten zu drehen. Dieser Eindruck entsteht dadurch, dass die Pupille als Teil der Linse das Objekt im Brennpunkt behält (Abbildung 15). Diese Augenbewegung geht dabei über das normale Kompensieren des Kopfpendelns hinaus.

Ein Hai, der mit den Augen „rollt", gleichzeitig aber seine Schwimmrichtung beibehält, signalisiert zwar Interesse, wird aber kaum den inneren Kreis durchbrechen und entsprechend nicht in die heiße Zone eindringen. Das Augenrollen ist ein Zeichen dafür, dass die Situation beim Hai lediglich Neugierde auslöst, jedoch keine weiteren Absichten. Wiederholt ein Tier ein solches Anschwimmen allerdings mehrfach (siehe Annäherungsmuster weiter unten), ist Vorsicht geboten. Dann bekommt das Augenrollen eine andere Bedeutung.

Das Kopfdrehen unterscheidet sich vom Augenrollen nicht nur dadurch, dass der Kopf gedreht wird, sondern dass dabei das Objekt auch mit beiden Augen fixiert wird (Abbildung 11). Dadurch kann der Hai den Menschen räumlich einstufen. Beim Augenrollen ist das nicht möglich, weil es jeweils nur mit einem Auge geschieht. Das Kopfdrehen muss als deutliches Interesse interpretiert werden, weil es eine weitere Annäherung über die innere Schwelle hinaus zur Folge haben kann.

Das englische Wort „Gaping" steht für eine Verhaltensweise, bei der der Hai in der Nähe eines Objekts das Maul leicht öffnet, ohne dass dabei jedoch die Zähne sichtbar werden (Abbildung 16). Dieses Verhalten wird als Drohverhalten gegenüber einem Objekt interpretiert, das sowohl ein anderer Hai als auch ein Mensch sein kann. Ob „Gaping" tatsächlich ein Drohverhalten darstellt oder eher zur Etablierung der Hierarchie genutzt wird, muss vorläufig dahingestellt bleiben. Obwohl „Gaping" eindeutig zu identifizieren ist, bereitet die Wahrnehmung dieses Phänomens dem Beobachter dann häufig Schwierigkeiten, wenn er noch nicht viel Erfahrung im Umgang mit einer Haiart besitzt.

„Gähnen"

Oftmals sieht man Haie langsam ihr Maul öffnen und ihre Kiefer ausstülpen (Abbildung 17). Dieses Verhalten verläuft langsamer ab als ein simulierter Biss (siehe Namen- und Sachverzeichnis), doch wird Gähnen immer noch schneller durchgeführt als Maulen, wo kein Kieferausstülpen auftritt. Es muss angenommen werden, dass Gähnen keine eigentliche Signalwirkung hat, sondern eher der Positionsanpassung der Sehnen und Muskeln des komplizierten Kieferapparates dient. Der Reizauslöser für diesen Vorgang könnten die „Spirakelorgane" sein, die hauptsächlich die Hyomandibula „kontrollieren", ein Knorpel, der mit dem Schädel und Kieferapparat in Verbindung steht.

Kiemenspreizen

Keine Signalwirkung hat wahrscheinlich auch das Kiemenspreizen. Dieses Verhalten wird oft bei Haien gesehen, die gerade gefressen haben. Es scheint, dass sie dabei die Kiemen nicht aktiv ausspreizen, sondern lediglich vermehrt Wasser durch diese drücken, um sie von Futterresten zu reinigen, die möglicherweise hängen geblieben sind. Doch besteht auch die Möglichkeit, dass sich Parasiten oder Saugfische an den Kiemen festgesetzt haben und sie durch einen solchen Vorgang versuchen diese loszuwerden.

„Flossensprache"

Über die Flossenstellung bei Haien wurde viel geschrieben. Häufig wird ein beidseitiges Senken der Brustflossen als Drohung oder Aggressionsgebärde interpretiert. An einer anderen Stelle dieses Buches wird auf das Thema detaillierter eingegangen, doch sei hier schon festgehalten, dass ein beidseitiges Brustflossensenken in nahezu keinem Fall etwas mit „Aggression" zu tun hat.

Beim Senken beider Brustflossen werden die seitlichen Körperoberflächen vergrößert, wodurch die Manövierfähigkeit erhöht und entsprechend ein Ausweichen zu beiden Seiten verbessert wird (Abbildung 18).

Andererseits ist das Senken einer einzelnen Brustflosse ein deutliches Zeichen, zu welcher Seite das Tier abdrehen wird (Abbildung 19). Ein Hai begibt sich immer zu der Seite, auf der die entsprechende Brustflosse gesenkt wurde. Die andere Brustflosse wird dabei meist sehr flach - einem Flügel ähnlich - abgespreizt. Brustflossen sind die wichtigsten Steuerorgane eines Hais.

Über die Körpersprache von Haien

Wenn Haie näher kommen und sich in der Interzone befinden, sollte der Analyse der Brustflossenstellung vermehrt Aufmerksamkeit geschenkt werden. Ein geübter Beobachter kann den etwaigen Drehpunkt eines Tiers ziemlich genau vorhersagen, was bei der Unterwasserfotografie von großem Vorteil ist, um z.B. die „Breitseite" des Tieres zu erfassen.

Wir haben viele Stunden mit Weißen Haien im Wasser verbracht und ihre Brustflossenstellungen studiert. In jedem Fall ergaben sich aus der Art der Stellung in Kombination mit der übrigen Körpersprache, somit also aus dem gesamten Erscheinungsbild des Tieres, wichtige Hinweise auf seinen „Charakter" und sein wahrscheinliches Verhalten uns gegenüber.

So zeigt z.B. Abbildung 19, dass der Hai mit großer Wahrscheinlichkeit nach rechts abdrehen wird; also kann seine Schwimmrichtung vorausgesagt werden. Dagegen vermittelt Abbildung 6 einen eher vorsichtigen Hai, da beide Brustflossen gleichzeitig nach unten gedrückt sind, was eine schnelle Richtungsänderung ermöglicht.

Gerade bei Weißen Haien dürfen wir nicht vergessen, dass diese Tiere mit großer Wahrscheinlichkeit noch nie eine Begegnung mit einem Taucher oder Schnorchler im Wasser gehabt haben. Deshalb nähern sie eher vorsichtig - auch wenn sie dem Menschen an Kraft und Schnelligkeit weit überlegen sind. Weiße Haie - wie auch alle anderen Arten - können weder unsere menschliche Gestalt einordnen noch die „Bedrohung", die wir für sie darstellen, einschätzen. Obwohl Superräuber, sind sie sehr vorsichtige Tiere. Daher ist eine optimale Manöverierfähigkeit für sie von großem Vorteil.

Natürlich kann allein anhand der Brustflossenstellung das Verhalten und die Motivation bei einer Begegnung nicht abschließend erklärt bzw. verstanden werden. Weitere Aspekte, z.B. der Annäherungswinkel, müssen beachtet und berücksichtigt werden. Obwohl die Stellung der Brustflossen Hinweise auf einzelne Verhaltensweisen gibt, stehen wir erst am Anfang, den Gebrauch und die mögliche Signalwirkung zu verstehen.

Schlagfrequenz des Schwanzes und Schwanzversteifen

Bei der Definition der äußeren Schwelle haben wir festgestellt, dass Haie bereits aus verhältnismäßig großer Distanz auf die Präsenz eines Tauchers reagieren und ihre Schwimmrichtung anpassen. Je nach Sichtweite und Lichtverhältnissen kann es vorkommen, dass der Taucher zwar den Hai sieht, er aber keine Einzelheiten erkennen kann. In dem Fall ist keine besondere Vorsicht geboten, doch möchte man vielleicht trotzdem wissen, ob das Interesse des Tieres zu- oder abnimmt. Eine gute Möglichkeit hierzu ist, auf die „Schlagfrequenz" des Schwanzes zu achten. Dies ist zwar keine exakte wissenschaftliche Methode, doch gibt sie gute Hinweise auf die Absicht des Hais und auf die Einschätzung seines „Erregtheitszustandes".

Um ein Gefühl für die Schlagfrequenz des Schwanzes zu erhalten, kann man beispielsweise den eigenen Atemrhythmus oder den Flossenschlag als Maß nehmen. Alternativ zählt man direkt die Schlagfrequenz des Hais. Anschließend beginnt man ein- oder zweimal auszuatmen und zählt dabei gleichzeitig die Anzahl der Schwanzschläge, die das Tier in derselben Periode macht. Die Wiederholung dieses Vorgangs wird nach einiger Zeit zeigen, ob sich die Frequenz geändert hat oder nicht.
Tiere, die den vollen Radius ihrer Schwanzbewegung ausnutzen, deuten eine „entspannte" Schwimmhaltung an.

Die Bewegung des Schwanzes ist - allgemein beschrieben - das Resultat aus den hintereinander geschalteten Kontraktionen der einzelnen Muskelpakete (Myomere) entlang des Körpers, die diese typische Bewegung verursachen. Da die einzelnen Kontraktionen sehr gering sind, schaukeln sie sich gegen den Schwanz hin auf, was nun den Anschein erzeugt, der Antrieb komme von dort. Befindet sich ein Hai in einem eher „angespannten" Zustand, wird sich der Schwanz „versteifen". Das hat eine Reduktion des Schwingungsbereichs zur Folge. „Versteifung" ist hier natürlich nur im übertragenen Sinn gemeint, denn die Region des Schwanzstiels (Pedunkel) wird lediglich weniger stark ausgelenkt.

Der Schwanz ist ebenfalls ein wichtiger Körperteil eines Hais um die Situation, in der man sich bei einer Begegnung mit diesen Tieren befindet, zu deuten und zu verstehen. Wer schon einmal die Gelegenheit hatte hinter einem Riffhai zu schwimmen, wird vielleicht unbewusst realisiert haben, wann das Tier in einer möglicherweise entspannten Haltung schwamm. „Möglicherweise" deshalb, weil wir letztendlich nicht mit Sicherheit wissen, was in einem Tier wirklich vor sich geht.

Ein entspanntes Schwimmen liegt vor, wenn das Ende des eigentlichen Schwanzschlages mit einer kleinen Auslenkung des oberen Schwanzendes (oberer Lobus) einhergeht. Sie wird durch Trägheitskräfte verursacht, die beim Unterbruch (beim „Zurückschlagen") der

Bewegung entstehen. Wird dies festgestellt, kann von einem entspannten Schwimmen des Hais ausgegangen werden. Hierbei ist allerdings zu beachten, dass nicht alle Haiarten solche „Unterbrüche" zeigen. Es sollte bei jeder Art von Neuem beobachtet werden.

Diese Bemerkungen werfen die Frage auf, wie man zwischen einem versteiften und einem „entspannten" Schwanzschlag unterscheiden kann. Einerseits ist hier eine gewisse Erfahrung sicherlich hilfreich, da man erst nach mehreren Begegnungen mit einer Haiart weiß, wie stark ihr Schwanz normalerweise ausgelenkt wird. Fehlt diese Erfahrung, so empfehlen wir, zuerst die Schwimmrichtung des Tiers zu beachten. Sollte der Anpassungswinkel (siehe weiter oben) größer als 30 Grad sein, ist sehr wahrscheinlich, dass der Hai nicht an der Person interessiert ist. Das bedeutet, dass er wird eine entsprechende Distanz zwischen sich und dem Taucher einhält.

Dies kommt mit großer Wahrscheinlichkeit einer entspannten Schwimmweise gleich, die dementsprechend vermutlich am Schwanzschlag zu erkennen wäre. Ist der Winkel jedoch kleiner, nimmt damit die Wahrscheinlichkeit zu, dass sich das Tier in einem erhöhten Stadium der Aufmerksamkeit befindet. Entsprechend verringert sich die Auslenkung des Schwanzes, um im Falle einer Bedrohung durch den Taucher fliehen zu können. Aus Gründen der Kraftübertragung vom Schwanz auf das Wasser verbessert eine „versteifte" Schwanzflosse diese Möglichkeit.

Agonistisches Verhalten

Für die meisten Taucher ist das „agonistische" Verhalten der Haie das bekannteste. Agonistisches Verhalten ist definiert als angriffs- oder fluchtmotiviertes Verhalten, das Signalwirkung hat - und entsprechend gegen einen anderen Organismus gerichtet ist. Wird das Signal nicht beachtet, kann es zum Angriff oder zur Flucht kommen. Agonistische Verhaltensweisen sind bei Tieren weit verbreitet. Die auslösenden Faktoren sind bei einigen Arten, wie z.b. den Stichlingen, gut untersucht und erforscht.

In den siebziger Jahren wurde von Wissenschaftlern erstmals agonistisches Verhalten bei einer Haiart beschrieben. Graue Riffhaie zeigten als Drohverhalten interpretierte Verhaltensweisen, wenn ihnen von Tauchern der Fluchtweg versperrt wurde. In einigen Fällen konnte auf diese Weise sogar erfolgreich ein Angriff ausgelöst werden. Die wissenschaftliche Beschreibung dieses Drohverhaltens fiel in eine Zeit, in der eine zunehmende Zahl von Menschen das Meer als Erholungsraum nutzten und sich das Presslufttauchen als Massensportart etablierte.

Zudem übten Haie schon immer eine Faszination aus. So erstaunt es nicht, dass ihre Verhaltensweisen - gerade bei Sporttauchern, die gelegentlich einem Hai begegneten - auf Interesse stießen. Als eigentliches Drohverhalten wurden dabei Verhaltensweisen wie „Buk-keln", „Flossen herunterdrücken" oder „aufgeregtes" Schwimmen interpretiert. Die Erklärung der Bewegungsmuster und vor allem die sie auslösenden Faktoren wurden jedoch nie grundsätzlich hinterfragt. Tauchern wurde lediglich geraten, das Wasser schnellstmöglich zu verlassen, wenn sie derartige Verhaltensweisen eines Hais beobachten konnten.

Nun aber stellt sich die Frage, ob von einem Hai, der solche Verhaltensweisen zeigt, tatsächlich eine Gefahr ausgeht oder ob hinter dieser Körpersprache möglicherweise ein anderer Motivationsgrund steht. Um eine Antwort zu finden müssen weitere Aspekte der Verhaltensökologie der Haie, einer bislang weitgehend vernachlässigten Disziplin, untersucht werden. Die einzige Möglichkeit zum Verständnis solcher Verhaltensweisen und der zugrundeliegenden Motivationsgründe liegt darin, die Tiere in ihrer natürlichen Umgebung zu beobachten. Das haben wir während vieler Jahre gemacht, dabei interessante Erklärungen gefunden und neue Einsichten in ihr Leben erhalten. Einerseits lernten wir so die Biologie der Haie besser zu verstehen, andererseits stellten uns unsere Beobachtungen ein Instrumentarium zur Verfügung, das uns ermöglichte mit ihnen zu interagieren.

„Pseudoagonistisches" Verhalten

Tauchern, welche die seltene Gelegenheit hatten, Haie in grosser Zahl und über einen längeren Zeitraum regelmässig zu beobachten, fiel auf, dass gewisse Arten häufig den oben beschriebenen Verhaltensweisen ähnliche Bewegungsmuster zeigten. Beispielsweise schwimmen Schwarzspitzenhaie (*Carcharhinus limbatus*) wenige Zentimeter über dem Sandboden und drehen sich dann um ihre Längsachse, wobei der Eindruck entsteht, sie streiften etwas an ihrer Seite am Boden ab (Abbildung 20). Oder sie zeigen nahezu vertikale Schwimmweisen, die stark an beschriebenen Verhaltensweisen der Grauen Riffhaie erinnern (Abbildung 21). Allerdings folgte solchen Bewegungen nie ein Angriff und es resultierte daraus keine für den anwesenden Taucher bedrohliche Situation.

Während der vergangenen Jahre haben wir dieses Verhalten in den bahamesischen Gewässern an Schwarzspitzenhaien wissenschaftlich untersucht. Dabei stellte sich heraus, dass ein weiterer Akteur von großer Bedeutung ist: der Gestreifte Schiffshalter (*Echeneis naucrates*). Diese zu den Knochenfischen gehörenden Tiere saugen sich mit ihrer zu einer Saugplatte umfunktionierten ersten Rückenflosse am Hai fest und lassen sich auf diese Weise durchs Wasser transportieren (Abbildung 22). Dass Saugfische Haie begleiten und oft mit ihnen vergesellschaftet sind, ist seit langer Zeit bekannt. Die Bedeutung dieser Lebensgemeinschaft und ihre Auswirkungen auf die beiden beteiligten Organismen wurde allerdings bis heute kaum untersucht. Aufgrund der Resultate unserer sehr intensiven Beobachtungen während der vergangenen Jahre wurde immer deutlicher, dass Saugfische für Haie störend sein können. Zwei potentielle Störungsmöglichkeiten stehen dabei im Vordergrund: Saugfische können Haie hydrodynamisch oder sensorisch irritieren. Eine hydrodynamische Irritation kann entstehen, indem ein Saugfisch, abhängig von seinem Aufenthaltsort auf dem Hai, dessen Schwimmwiderstand erhöht. Dies würde bedeuten, dass Haie mit Saugfischen mehr Energie für Antriebsbewegungen aufwenden müssten. Andererseits könnten Saugfische Haie sensorisch irritieren, indem sie sich in Regionen ansaugen, in der sich die eigentlichen Sinnesorganen befinden, z.B. am Seitenlinienorgan, um die Augen, an der Schnauze...

Neben diesen möglichen Störungen, die ein Saugfisch verursacht, kann der Hai von der Anwesenheit eines Saugfisches aber auch profitieren. Dieser ernährt sich mindestens teilweise und während gewisser Lebensabschnitte von Parasiten auf der Haut der Haie. Entsprechend wurden Schwarzspitzenhaie beobachtet, wie sie spezielle Körperhaltungen einnahmen und Bewegungen zeigten, die an Knochenfische erinnern, die sich an Putzerstationen befanden und von Parasiten gereinigt werden wollten. Diese Bewegungen der Haie sind ein Signal an die Putzerfische, mit dem Putzen zu beginnen. Andererseits verfügen Knochenfische, aber auch Haie, über Verhaltensweisen, die einem Putzerfisch signalisieren, mit dem Putzen aufzuhören. Bis jetzt ist nicht klar, ob Haie diese Verhaltensweisen mit der gleichen Motivation und Absicht zeigen und ob dieser mögliche Vorteil die durch Irritation entstehenden Nachteile kompensieren kann.

Die Analyse der erwähnten wissenschaftlichen Untersuchungen zeigte, dass Schwarzspitzenhaie mit Saugfischen an ihrem Körper auffällige Verhaltensweisen wie übertriebene Schwimmbewegungen oder schnelles Zappeln mit den Flossen häufiger zeigten als Haie ohne Saugfische. Dies kann als Hinweis darauf verstanden werden, dass Saugfische Haie irritieren und eine Reaktion auslösen können. Unabhängig davon, ob diese bei Schwarzspitzenhaien gemachten Beobachtungen und die Folgerungen daraus in der Zukunft auch bei anderen Haiarten wiederholt und erhärtet werden können, sollten sie bereits zum gegenwärtigen Zeitpunkt unser Verständnis für die Körpersprache der Haie schärfen.

Eine für die Öffentlichkeit wichtige Bedeutung dieser Beobachtungen liegt nämlich darin, dass auffälligen Bewegungsmustern bei Haien keineswegs eine aggressive Motivation zugrunde liegen muss. Es wäre vielmehr sinnvoll, in einer Mehrheit der Fälle, bei der solche Verhaltensweisen beobachtet werden können, von „pseudoagonistischem" Verhalten zu sprechen. Des Weiteren sollte es Motivation sein, das Verhalten eines Tieres aus der Gesamtperspektive zu betrachten und Wechselwirkungen des Tieres mit anderen Organismen oder der Umwelt zu suchen und zu berücksichtigen.

Ursprung von agonistischem Verhalten bei Haien

Obwohl viele Bewegungsmuster von Haien als „pseudoagonistisch" beschrieben werden sollten, gibt es bei ihnen auch agonistisches Verhalten im eigentlichen Sinn. Eine interessante Frage ist nun, wo der Ursprung dieser Verhaltensweisen liegt. Biologen unterscheiden zwischen „Wie-Fragen" (proximate Ursachen) und „Warum-Fragen" (ultimate Ursachen), wenn es um den Ursprung eines Verhaltens geht. Wie-Fragen beschäftigen sich mit den Mechanismen, die in einem Tier ablaufen um ihm eine bestimmte Verhaltensweise zu ermöglichen. Beispiele hierfür sind die ursächliche Beziehung zwischen den Genen eines Tieres und seinem Verhalten, wie sich die Entwicklung aus einer einzelnen Zelle zum Adulttier mit Millionen von Zellen auf sein Verhalten auswirkt, oder welche Reize Reaktionen auslösen und wie diese Reize wahrgenommen werden.

Im Gegensatz dazu beschäftigen sich Warum-Fragen damit, weshalb ein Tier gewisse Mechanismen im Laufe der Evolution entwickelt hat, die es ihm ermöglichen, eine bestimmte Tätigkeit auszuführen. Beispielsweise fragt man danach, was der Zweck oder die Funktion einer Verhaltensweise ist, wie sie dem Individuum hilft, Hindernisse für das Überleben und die Fortpflanzung zu überwinden oder welches der ursprüngliche Schritt in der Evolutionsgeschichte war, der zur Existenz des gegenwärtigen Verhaltens führte. Wie- und Warum-Fragen sind nicht gegensätzlich, sondern komplementär, da sie grundsätzlich lediglich verschiedene Ebenen der Analyse einer Verhaltensweise betreffen.

Die Untersuchung des angesprochenen agonistischen Verhaltens bei Grauen Riffhaien im Pazifik beschäftigte sich zunächst mit den proximaten Ursachen. Der Reiz, der die beschriebenen Verhaltensweisen auslöste, war der sich nähernde Taucher, der dem Hai den Fluchtweg versperrte oder ihm zu nahe kam. Kurze Zeit später gab es einen wissenschaftlichen Beitrag zur möglichen ultimaten Ursache dieses Verhaltens. Darin wurde vermutet, dass sich die beobachteten agonistischen Verhaltensweisen vom Fressverhalten ableiten lassen, denn fressende Haie zeigen oftmals ähnliche Bewegungsmuster.

An dieser Stelle ist es wichtig, einige grundsätzliche Anmerkungen zur Lebenszyklusstrategie eines Tieres zu machen. Hierunter versteht man das Muster von Wachstum, Differenzierung, Speicherung und Fortpflanzung während des Lebens eines Organismus. Jedes Tier hat nur einen bestimmten Energiebetrag zur Verfügung, der mit der Menge der aufgenommenen Nahrung beschrieben werden kann. Diese Energie muss zunächst zur Deckung der lebensnotwendigen Funktionen wie Atmung oder Bewegung ausreichen und kann erst an zweiter Stelle in weitere Verhaltensweisen investiert werden.

Während der Lebenszeit eines Tieres sind zwei Aspekte seines Verhaltens von zentraler Bedeutung: Nahrungssuche und Fortpflanzung. Ein Großteil der Energie wird somit in Verhaltensweisen investiert, die diese beiden Aspekte der Lebenszyklusstrategie betreffen.

Das Repertoire an Verhaltensweisen eines Tiers ist beschränkt. Oftmals können sie in anderem Zusammenhang von denen der Nahrungssuche oder Fortpflanzung abgeleitet werden. Ein Beispiel hierfür ist das Spielverhalten vieler Tiere.

Somit ist es verständlich, den Ursprung des agonistischen Verhaltens bei Haien im Fressverhalten zu suchen. Mit der Beobachtung, dass Saugfische bei Haien spezifische Reaktionen auslösen können, bietet sich allerdings eine weitere Erklärung hinsichtlich ultimater Ursachen an. Da sich agonistische Verhaltensweisen und die Bewegungsmuster beim Abschütteln von Saugfischen sehr ähnlich sind, ist es möglich, dass auch Letztere sich vom Fressverhalten ableiten lassen. Die Ähnlichkeit lässt aber auch den Schluss zu, nur eines der beiden Verhaltensmuster ist direkt vom Fressverhalten abgeleitet und das zweite ist evolutiv aus diesem entstanden.

Diese für Biologen mit Interesse an den Mechanismen der Evolution interessante Frage mag für den Laien wenig bedeutungsvoll sein. Für einen Biologen ist vielmehr wichtig, wie eine auffällige Verhaltensweise bei der Begegnung mit einem Hai zu interpretieren ist bzw. wie man sich in solchen Situationen verhalten soll. Entsprechend erscheint es uns an dieser Stelle folgendes wichtig zu erwähnen: Man sollte sich, wenn man einen Hai mit „abnormalem" Verhalten sieht, daran erinnern, dass sich irgendwo an seinem Körper ein Saugfisch befinden könnte (und dies ist wahrscheinlich), der das Verhalten auslöst.

Signalisieren

Wenn Haie miteinander interagieren, tauschen sie „Signale" aus. Um den Prozess des Signalisierens (z.b. mittels Körpersprache) zu verstehen, muss zwischen dem Sender-, dem Empfänger- und dem Trägermedium (z.B. Wasser), das das Signal transportiert, unterschieden werden. In die Fachsprache der Biologen übertragen bedeutet dies, es werden Signale von einem Sender (z.B. ein Hai) dazu verwendet, seine „Überlebenschance" (Fitness) durch das Beeinflussen des Empfängerverhaltens (ein zweiter Hai) zu erhöhen.

Ein Beispiel soll das verdeutlichen: Zwischen verschiedenen Haiarten kann ein Dominanzverhalten beobachtet werden. So scheinen Karibische Riffhaie beim Fressen über Schwarzspitzenhaie zu dominieren. Ihre Dominanz wird durch bestimmten Verhaltensweisen signalisiert und resultiert darin, dass die eine Art vor der anderen fressen kann oder mehr Futter pro Zeiteinheit erhält. Dies erhöht die biologische Fitness (Überlebenschance) der dominanten Art.

Andererseits verwendet aber auch der Empfänger das gleiche Signal und versucht, seine eigene Fitness zu erhöhen. Sowohl die Umwelt als auch die körperlichen Möglichkeiten eines Tieres haben einen wesentlichen Einfluss darauf, wie das Signal ausgesendet wird. Weitere Faktoren sind die Übermittlung beispielsweise via Luft, Wasser oder Substrat und wie es schließlich von einem anderen Tier empfangen wird.

Wir wollen hier keine allzu technische Sprache benutzen, doch ist es sinnvoll, zwischen dem Inhalt und der Struktur eines Signals zu unterscheiden. Der Inhalt besteht aus dem, was kommuniziert wird oder aus der Information, die beim Empfänger zu einer Entscheidung führt. Doch Information als solche reicht nicht aus, sie muss z.B. durch das Wasser übertragen werden. Der Empfänger muss zudem in der Lage sein, diese Information im Wasser zu entdecken und sie zu verarbeiten.

Bei der Beschreibung des bereits erwähnten agonistischen Verhaltens und ähnlicher, durch Saugfische ausgelöster Verhaltensweisen bei Haien haben wir gesehen, dass das Erscheinungsbild sich gleicht, der Auslöser dafür jedoch unterschiedlich sein kann. In beiden Fällen signalisiert der Hai einen momentanen Zustand. Agonistisches Verhalten ist angriffs- oder fluchtmotiviert, wobei ein innerer oder äußerer Faktor dies auslösen kann. Ein solcher Faktor kann z.B. bei Schwarzspitzenhaien ein Taucher sein, der an die Wasseroberfläche zurückkehrt. Bekannt ist, dass Schwarzspitzenhaie sich ihrem Futter häufig von unten nähern, indem sie in einen Fischschwarm hinein schwimmen, sich um ihre Längsachse drehen und dabei nach den Beutefischen schnappen. Ein an die Wasseroberfläche zurückkehrender Taucher könnte somit von einem Schwarzspitzenhai als Konkurrent angesehen werden, sollte er sich nahe an der Beute befinden.

Ganz allgemein kann agonistisches Verhalten bei vielen Tieren im Zusammenhang mit innerartlicher Konkurrenz beobachtet werden.

Diese Beobachtung trifft mit großer Wahrscheinlichkeit auch auf Haie zu. Üblicherweise sind die verwendeten Signale für den Taucher deutlich wahrnehmbare Schwimmbewegungen oder Positionsänderungen; weniger deutliche Signale sind Flossenstellungen und -bewegungen.

Da wir Menschen mit unseren Sinnen an ein Landleben angepasst sind und Haie in unserer alltäglichen Umwelt nicht existieren, ist eine Begegnung mit einem von ihnen in einer uns fremden Umgebung häufig mit Nervosität verbunden. In solchen Situationen neigen wir dazu, jede Reaktion des Tieres unmittelbar auf unsere Präsenz zu beziehen. Das muss keineswegs immer richtig sein. Haie interagieren auch mit Artgenossen und anderen Tieren ihres Lebensraums. Somit ist es möglich, dass ein beobachtetes Signal nicht uns gilt, sondern einem anderen Hai, der sich außerhalb unseres eingeschränkten Sichtfeldes befindet.

Um die Signale eines Hais richtig interpretieren zu können, ist es äußerst wichtig die gesamte Umwelt des Tieres zu beachten. Dazu gehören auch die Saugfische. Weil sie sich auf einer uns abgewandten Seite des Hais befinden, sind sie für uns häufig nicht sichtbar. Oder sie werden wegen ihrer Größe einfach übersehen. Auch in diesem Fall kann das Tier einen Zustand signalisieren, der unmittelbar nichts mit unserer Präsenz zu tun hat. Dass ein Hai die Irritation durch einen Saugfisch häufig mit ähnlichen Bewegungen wie beim agonistischem Verhalten signalisiert, macht es schwierig, Erscheinungsbilder und Verhaltensweisen richtig einzuschätzen. Es verdeutlicht aber auch, wie nuanciert und komplex sein Verhalten sein kann.

Andere Regionen – andere Erscheinungsbilder

Wir haben uns bis jetzt in einem ersten Ansatz der Körpersprache und den möglichen Erscheinungsbildern zugewandt und möchten nun der Frage nachgehen, ob sich beides in Bezug auf die geographische Verbreitung einer Haiart ändern kann. Die Antwort ist ein eindeutiges Ja.

Körpersprache und Erscheinungsbilder ändern sich von Region zu Region. Verhaltensweisen sind immer eine Reaktion auf innere und äußere Faktoren. Somit ist es nicht erstaunlich, dass bei der gleichen Art, abhängig vom Aufenthaltsort, andere Erscheinungsbilder beobachtet werden können. Eine Population von Grauen Riffhaien kann sich im Pazifik anders verhalten als die der gleichen Art im Indischen Ozean. Meerwasser mag uns Menschen, abgesehen von der wahrnehmbaren Temperatur, weltweit gleich erscheinen. Für im Wasser lebende Organismen unterscheiden sich die verschiedenen Meeresregionen aber sowohl in Bezug auf Strömung, Salzgehalt oder Lichtverhältnisse.
Neben diesen physikalischen Faktoren beeinflussen aber vor allem andere Organismen das Verhalten eines Tieres, wobei speziell dem

Jagdverhalten große Aufmerksamkeit geschenkt werden muss. Ein Beispiel, das diesen Zusammenhang verdeutlicht, sind Bullenhaie, die sowohl in den Bahamas, in Südafrika oder in pazifischen Regionen vorkommen. Entsprechend ihrem geographischen Vorkommen haben sich Bullenhaie an die jeweils vorhandenen Beutetiere angepasst. Viele dieser Beutetiere kommen jedoch nur in einer der erwähnten Regionen vor und selten an allen drei Orten gleichzeitig. Entsprechend müsste ein Bullenhai, der von den Bahamas nach Südafrika wandert, zuerst lernen, wie er die dort vorkommenden Beutefische als Nahrung nutzen kann. Solche „Lernprozesse" stellen eine Herausforderung dar und sind keine Selbstverständlichkeit. Da nun unterschiedliche Jagdstrategien verschiedene Verhaltensweisen voraussetzen oder zumindest Anpassungen erfordern, ist es naheliegend, dass das Erscheinungsbild von Ort zu Ort andere Formen annehmen kann. Doch nicht nur das Jagdverhalten als solches, sondern auch die Zusammensetzung der Artengemeinschaft sowie die Interaktion dieser Organismen untereinander ist bei der Beurteilung und Interpretation einzelner Verhaltensweisen von großer Bedeutung.

Selbstverständlich unterscheiden sich Erscheinungsbilder auch zwischenartlich. Jede Haiart hat ihre eigene, spezifische Körpersprache. Bei einigen Arten können für ähnliche Bewegungsmuster auch ähnliche Gründe vermutet werden. Die Körpersprache und die auslösenden Faktoren für Bewegungsmuster der meisten Arten sind jedoch noch nicht erforscht, weil sie schwer zu beobachten sind oder die Tiere in Gebieten leben, die für Menschen nur schwer zugänglich sind. Zudem können die bei einer Haiart beobachteten Bewegungsmuster einer anderen fehlen, weil die motorischen Fähigkeiten dazu nicht ausgebildet sind. Dies ist naheliegend, wenn man beispielsweise die Schwimm- und Lebensweise eines bodenlebenden Ammenhais mit derjenigen eines Makohais vergleicht. Solche motorischen Unterschiede betreffen dann auch die zur Interaktion und Kommunikation verwendeten Signale und Verhaltensweisen.

ADORE-SANE: Das Interaktionskonzept

Entsprechend der Wortzusammensetzung lässt sich das ADORE-SANE Konzept in zwei Teile gliedern. ADORE bezieht sich auf den Hai, SANE auf die Person, die den Hai beobachtet (Abbildung 5). Da wir bis zu dieser Stelle zumeist über den Hai geschrieben haben, möchten wir mit dem Hai-Teil (ADORE) beginnen.

ADORE – Die Bedeutung des Hais bei der Interaktion mit Menschen

Stellen wir uns folgende Situation vor: Wir tauchen an einem Riff entlang und bewundern Korallen sowie allerlei Kleingetier, das sich dort aufhält. Von Zeit zu Zeit schauen wir uns nach unserem Tauchpartner um oder werfen einen Blick auf unseren Computer. Plötzlich erregt ein Schatten, der sofort wieder verschwindet, unsere Aufmerksamkeit. Wir starren ins Blaue und sind nicht einmal sicher, ob da überhaupt etwas war. Doch dann taucht unmittelbar neben uns ein Hai auf, der ruhig vorbeizieht, scheinbar ohne Interesse an uns. Vor Freude und Aufregung über dieses seltene Treffen vergessen wir die Welt um uns herum. Wenige Sekunden später ist die Begegnung auch schon zu Ende. Die Schwanzflosse verschwindet im Blau des Ozeans. Später wissen wir oft nur noch, dass wir einem Hai begegnet sind, kaum aber, um welche Art es sich gehandelt hat bzw. was tatsächlich alles während dieser kurzen Begegnung geschehen ist, nämlich sehr viel! Für eine kürzere oder längere Weile hatten wir die Gelegenheit, am Leben und Verhalten des faszinierenden Tieres teilzuhaben. Es ist Ziel und Zweck unseres Konzeptes, den Leser sowohl für solche Situationen zu sensibilisieren als auch ein Instrumentarium zur Verfügung zu stellen, das es erlaubt, mehr Wissen und Erfahrung aus derartigen Begegnungen zu ziehen.

In den nachfolgenden Kapiteln gehen wir ausführlicher auf das eigentliche Interaktionskonzept ein. Da wir im Vorausgegangenen in anderem Zusammenhang bereits Vieles von dem erwähnt haben, was für das eigentliche Konzept von Bedeutung ist, werden wir, falls notwendig, schon eingeführte Begriffe nur noch kurz wiederholen. Sollten dem Leser einzelne Fachausdrücke noch unklar sein, kann er sie in den vorausgehenden Kapiteln oder im Namen- und Sachverzeichnis nachlesen.

Bei Anwesenheit eines Menschen spiegelt sich dessen Präsenz oft im Verhalten eines Tieres wieder. Gerade bei Haien, aber auch bei anderen Meeresbewohnern schätzen wir diesen Zusammenhang allerdings meistens nicht richtig ein. Ein Grund dafür ist, dass wir uns als Landlebewesen in eine uns fremde und nur mit Hilfe technischer Möglichkeiten, wie z.B. Atemgeräte, erschließbare Welt begeben. Unsere Sinne sind für den Lebensraum unter Wasser nur bedingt geeignet. Entsprechend fehlt uns das „Instrumentarium" um das Interesse bzw. die Signale eines Hais richtig interpretieren zu können. So entsteht nicht selten der Eindruck, ein vorbeischwimmender Hai nehme unsere Anwesenheit kaum wahr, insbesondere wenn er sich in größerer Distanz zu uns befindet. Doch selbstverständlich registriert er uns genau, also kann von Desinteresse keine Rede sein. Schon allein die Tatsache seines Auftauchens in unserer Nähe ist Beweis dafür, dass er neugierig und an uns interessiert ist. Wir stellen für ihn häufig etwas gänzlich Unbekanntes, bisher nie Gesehenes dar, das genauer verstanden werden will. Er schwimmt vielleicht einige Male an uns vorbei um sich ein möglichst genaues Bild von unserer Größe und Aktivität zu machen, bevor er weiterzieht oder wir uns aus seinem Habitat entfernen. Auf jeden Fall aber kommt es im Moment des Zusammentreffens von Mensch und Hai zu einer Interaktion. Beide Akteure reagieren aufeinander und das führt zu einer wechselseitigen Beeinflussung ihres Verhaltens. Hier setzt das ADORE-SANE Konzept an.

Wir verfügen häufig nur über ein Basiswissen, wie einzelne Tiergruppen miteinander kommunizieren. Dass alle Organismen kommunizieren müssen, ist eine zwingende Notwendigkeit, da kein Lebewesen ohne Kommunikation mit seiner Umwelt lebensfähig ist. Die Kommunikationsforschung bei Tieren ist die wohl komplexeste und vielschichtigste Teildisziplin der Verhaltensbiologie. Dieses Forschungsgebiet steht bei Haien erst ganz am Anfang und die meisten Fragen sind noch unbeantwortet. Was wir aber wissen ist, dass Haie eine Körpersprache besitzen. In den vorangegangenen Kapiteln wurden einige Aspekte davon bereits beschrieben. Nun werden wir auf einzelne Details genauer eingehen und zeigen, wie wir diese Körpersprache in ihren Grundzügen erfassen und gebrauchen können um mit Haien zu interagieren.

Wollen wir das Verhalten eines Hais uns gegenüber verstehen, sind u.a. folgende Aspekte und Fragen von Bedeutung: Wie ist das generelle Erscheinungsbild des Hais, wie ist seine Schwimmrichtung, welche Umweltbedingungen finden wir in der Situation vor.... Diesen und weiteren Fragen wird im ersten Teil des Konzepts nachgegangen.

Über die Körpersprache von Haien

A (Attitude): Das Erscheinungsbild

Der erste Teil des Konzepts ist zugleich auch der komplexeste und, je nach Erfahrung mit Haien, der schwierigste. „Das Erscheinungsbild" ist der einzige Teil des Konzepts, der eine gewisse Erfahrung mit Haien voraussetzt um ihn effektiv gebrauchen zu können. Entsprechend möchten wir hier festhalten, dass „A" nicht zwingenderweise beachtet werden muss, wenn man keine Erfahrung im Umgang mit Haien hat. Die anderen Teile des Teilkonzepts (DORE) reichen aus um einen Einblick in das Verhalten der Tiere zu erhalten.

Obwohl wir in diesem Buch bereits ausführlich auf das Erscheinungsbild eines Hais eingegangen sind, möchten wir dem Leser nochmals etwas Wichtiges vor Augen führen. Man kann einen Hai entweder nur für wenige Sekunden betrachten, was mit einem Standbild vergleichbar ist, oder man betrachtet das Tier über einen Zeitraum von mehreren Sekunden, was dann einem Kurzfilm ähnlich wäre. Meistens konzentriert man sich mehrheitlich auf die Momentaufnahme - aus welchen Gründen auch immer. Will man jedoch einen genauen Eindruck vom Erscheinungsbild des Hais erhalten, sollte man, wann immer möglich, versuchen das Tier für einige Sekunden zu beobachten.

An dieser Stelle des Konzepts spielt es keine Rolle, ob sich der Hai an der äußeren Schwelle befindet, sich in der Interzone aufhält oder unterhalb des Tauchers schwimmt. Solche Aspekte sind Bestandteile kommender Kapitel. Es ist lediglich wichtig, ob man am Tier außergewöhnlich erscheinende Details bemerkt. Beispiele hierfür könnten nach unten gedrückte Brustflossen, eine hohe Schlagfrequenz des Schwanzes, ein Kopfdrehen oder ein sich wiederholt öffnendes und schließendes Maul sein. Alle diese möglichen Beobachtungen benötigen als Vergleich die beschriebene Nulllinie - oder anders ausgedrückt die Erfahrung, wie ein Individuum der gleichen Art sich in einer vergleichbaren Situation „normalerweise" verhalten würde. Entsprechend ist es bei fehlender Erfahrung schwierig, „A" wirklich gut zu verstehen und anzuwenden.

Selbstverständlich gibt es immer wieder Situationen, in denen man einen Hai sieht und, ohne es erklären zu können, das Gefühl hat, etwas stimme mit diesem Tier nicht. In solchen Situationen sollte man nicht in Panik ausbrechen und sich „kopflos" zurückziehen, sondern sich die Zeit nehmen den Hai zu beobachten und sich weitere Aspekte des Konzepts zu vergegenwärtigen. Grundsätzlich gilt, wann immer man sich von einem Hai bedroht fühlt - aus welchen Gründen auch immer - sollte man sich nie(!) einfach zurückziehen (darauf wird weiter unten eingegangen). Statt dessen sollte man sich ruhig verhalten, sich nach Möglichkeit in eine vertikale Position begeben und den Hai im Auge behalten. Diese Zeitspanne reicht meistens auch dazu aus um die weiteren Details (DORE) in die Situation mit einzubeziehen.

D (Direction): Richtung

Die Richtung, aus der sich ein Hai einem Taucher nähert, kann uns wichtige Informationen zur Einschätzung der Situation geben. Erblickt man in der Ferne einen Hai, schwimmt dieser in den meisten Fällen nicht direkt auf den Taucher zu, sondern hält einen bestimmten Winkel zu ihm ein. Da man sich zu diesem Zeitpunkt bereits im visuellen Bereich des Tieres befindet, ist ihm unsere Position im Wasser bekannt, denn er nimmt den Taucher und seine Richtung wahr, selbst wenn er ihn scheinbar nicht direkt anschaut. Bei sehr klarem Wasser, z.B. ab Sichtweiten von 30m, ändert der Hai am Rande des Sehfeldes seine Schwimmrichtung kaum, da er zu weit von seinem äußeren Kreis entfernt ist.

Erreicht der Hai aber diesen äußeren Kreis, wird der Anpassungswinkel eine entscheidende Aussagekraft haben. Ist der Winkel, wie bereits beschrieben, kleiner als 30 Grad und ändert der Taucher seine Position nicht, wird sich der Hai wahrscheinlich nähern. Eine weitere Beobachtung des Tieres ist in diesem Fall angebracht. Ist der Anpassungswinkel hingegen größer als 30 Grad, wird der Hai kaum in den Bereich seines inneren Kreises kommen und deswegen in größerer Distanz zum Menschen vorbeischwimmen (die 30 Grad-Schwelle beruht auf Erfahrungswerten - es besteht durchaus die Möglichkeit, dass bei noch nicht untersuchten Arten ein größerer oder kleinerer Winkel zum Tragen kommt).

Häufig sieht man den Hai allerdings erst, wenn er sich bereits in der Interzone befindet. In einem solchen Fall sollten die Schwimmrichtung und der Anpassungswinkel genau beobachtet werden. Auch in der Interzone gilt, dass die Schwimmrichtung zur momentanen Position des Menschen entscheidend ist und nicht, wohin sich der Taucher begeben möchte bzw. wo der dann theoretisch mit dem Hai zusammenstoßen würde. Es ist wichtig sich nochmals zu vergegenwärtigen, dass dieses Konzept dynamisch ist. Sobald sich ein Faktor, z.b. die Position des Tauchers, ändert, wird dies eine Reaktion, z.b. eine Anpassung der Schwimmrichtung des Hais, nach sich ziehen.

O (Origin): Ursprung

„Ursprung" bezieht sich, wie auch der Begriff „räumliche Beziehung", der Thema des nächsten Kapitels sein wird, auf die Position des Tauchers, aus der man einen Hai zum ersten Mal wahrnimmt. Inhaltlich überschneidet sich dieses Kapitel mit dem vorangegangenen, doch konzentrieren wir uns hier auf zwei Schwerpunkte, nämlich zum einen auf die räumliche Distanz des Hais zur Person und zum anderen auf die Position des Hais in Bezug auf die Blickrichtung des Tauchers.

Um diese beiden Punkte zu verdeutlichen, wollen wir zwei Anschwimmmuster von Haien miteinander vergleichen. Beide Male nähert sich das Tier einem Taucher, der sich an der Oberfläche befindet. Der erste Hai wird vom Menschen am Rande seines sichtbaren Bereichs wahrgenommen, wobei das Tier eine Schwimmrichtung von ca. 50 Grad zum Taucher einhält. Der zweite wird gesehen, wenn der Taucher sich an der Oberfläche um die eigene Achse dreht und realisiert, dass sich ihm ein Hai von hinten genähert hat und sich zwei Meter von seinen Flossen entfernt befindet (Abbildung 23). Jetzt kommen uns unwillkürlich die Worte „anschleichen" oder „Hinterhalt" in den Sinn. Hingegen scheint der Hai im ersten Fall eher zurückhaltend zu sein und einen entsprechend großen Abstand einzuhalten, vorausgesetzt der Mensch ändert seine Position nicht.

Man könnte das scheinbare Anschleichen in der geschilderten zweiten Situation damit erklären, dass Menschen für Haie unbekannte Objekte darstellen. Sie nähern sich einem Taucher so, wie sie es bei einem Organismus tun müssten, der zwar für sie potentiell gefährlich sein könnte, aber bei dem sie dennoch mit den meisten Vorteilen auf ihrer Seite zubeißen könnten. Um diesen Sachverhalt etwas genauer zu verdeutlichen, beschreiben wir nachfolgend ein Beispiel mit Weißen Haien.

Der Nahrungserwerb und somit die Jagdstrategie ist ein wichtiger Aspekt der Verhaltensökologie von Tieren. Haie mit ihrer über 400 Millionen Jahre zurückreichenden Entwicklungsgeschichte haben äußerst erfolgreiche Jagdstrategien entwickelt, mit denen sie an ihren Lebensraum angepasst sind. Für die Superräuber unter ihnen gelten die gleichen Gesetze wie beispielsweise für Tiger und Löwen, die Großräuber des Festlandes. Obwohl Großhaiarten außer dem Menschen keine natürlichen Feinde haben, kann ihr Nahrungserwerb kritisch sein. Das Wort *kritisch* bezieht sich dabei auf die Entscheidung, wieviel der zur Verfügung stehenden Energie in die Nahrungssuche investiert werden soll. Dieser Energiebetrag ist seinerseits wiederum abhängig von der zuvor aufgenommenen Nahrungsmenge. Gerade für große Haiarten, wie z.B. Weiße Haie ist die Nahrung in Hinblick auf Raum und Zeit ungleichmäßig verteilt. Je nach Ort und Jahreszeit kann Nahrung im Überfluss vorhanden oder kaum auffindbar sein. Das hat zur Folge, dass ein

Über die Körpersprache von Haien

Weißer Hai, wenn er auf Beutetiere trifft, sie zur Strecke bringen muss, denn ein Fehlversuch bedeutet für ihn Energieverlust. In diesem Zusammenhang haben sich Jagdstrategien entwickelt.

Weiße Haie ernähren sich primär von Fischen, erwachsene Tiere teilweise auch von Meeressäugern wie Seehunden, die äußerst agile, intelligente Tiere sind und zudem wehrhafte Krallen besitzen. Entsprechend sind Weiße Haie oft von Kämpfen mit ihnen gezeichnet. Selbstverständlich wissen die Haie um die Wehrhaftigkeit ihrer Beute und versuchen, Verletzungen zu vermeiden. Eine Möglichkeit hierfür besteht darin, sich den Beutetieren so zu nähern, dass sie den Räuber nicht sehen können und er entsprechend weniger Gefahr läuft von ihren Krallen verletzt zu werden.

Da Menschen für Weiße Haie unbekannte Objekte darstellen, könnte eine Annäherung mit denselben Absichten erfolgen und deshalb in einer ähnlichen Weise geschehen. Möglicherweise haben Haie die Erwartung, dass sich das „Objekt Mensch" auf gleiche Art wehrt. Wichtig ist die Feststellung, dass Weiße Haie und auch andere Arten bei unbekannten Objekten nicht plötzlich neue Verhaltensweisen kreieren können, sondern nur darauf zurückgreifen können, was ihnen von ihrer Evolution her an Strategien gegeben ist. Entsprechend werden sie Varianten des normalen Jagd- und Auskundschaftsverhalten wählen, die bei früheren Begegnungen Erfolg zeigten.

Hier muss aber auch erwähnt werden, dass ein Weißer Hai, der bereits eine erniedrigte Hemmschwelle für neue Dinge besitzt und entsprechend die Absicht hat das unbekannte Objekt zu beißen (Neues, dass essbar ist, könnte ein selektiver Vorteil gegenüber anderen Tieren darstellen), sich gelegentlich nicht langsam, sondern mit hoher Geschwindigkeit nähert. Dies könnte mit einem typischen Angriffsverhalten, wie es bei der Seehundjagd erfolgreich ist, verglichen werden.

Aus solchen Beschreibungen von Jagdstrategien der Weißen Haie könnte der Eindruck entstehen, ein sich von hinten näherndes Tier stelle immer eine Bedrohung dar. So verallgemeinert ist dies sicherlich falsch. Bei der Begegnung mit einem Weißen Hai ist es allerdings ratsam, ihn im Sichtfeld zu haben. Das Tier wird uns nicht mit einem Seehund verwechseln und deshalb angreifen, doch sind Weiße Haie sehr neugierig. Sie nähern sich einem unbekannten Objekt immer wieder.

Gemessen an der sehr geringen Wahrscheinlichkeit, einem Weißen Hai im Freiwasser überhaupt zu begegnen, ist die oben geschilderte Situation sicher eher theoretisch und kann deshalb als unwahrscheinlich betrachtet werden. Als Faustregel sollte jedoch gelten, dass man einem Hai eine größere Aufmerksamkeit schenken sollte, wenn man bei einer Drehung das Tier unmittelbar hinter sich im Wasser entdeckt. Entsprechend ist es ratsam, beim Tauchen nicht permanent das Riff oder seinen Tauchpartner im Auge zu behalten, sondern von Zeit zu Zeit seinen Blick zu lösen und die Umgebung zu überprüfen. Dadurch schließt der Taucher die Wahrnehmung eines Hais erst in seiner unmittelbarer Nähe aus, die ihm das Einschätzen der Schwimmrichtung oder des inneren Kreises schwierig bzw. unmöglich machen würde.

R (Relation): Räumliche Beziehung

Dieses Kapitel beschreibt einerseits die Position des Hais relativ zum Taucher, andererseits aber auch die räumliche Distanz des Hais zu Strukturen, die sich in der unmittelbaren Umgebung von Taucher und Hai befinden und einen Einfluss auf das Verhalten des Tieres haben können.

Grundsätzlich gibt es drei Positionen, die ein Hai gegenüber einem Taucher einnehmen kann, sofern das Wasser tief genug ist: Der Hai kann über, auf gleicher Höhe oder unterhalb des Tauchers sein.

Haie, die sich für eine Person „interessieren", schwimmen bei Annäherung zumeist auf gleicher Höhe oder unterhalb von ihr, aber selten darüber. Der Grund für dieses Verhalten liegt darin, dass Menschen für sie etwas Unbekanntes darstellen. So nähern sie sich einem unbekannten Objekt grundsätzlich vorsichtig, aber dennoch in der ihnen angeborenen Weise. Da Haie in Sichtweite zum Taucher vorwiegend ihre Augen als Sinnesorgane einsetzen, wählen sie die Position, die ihnen den größten Kontrast zum Objekt gibt.

Haie, die über einer Person schwimmen, können sie gegen einen dunkleren Hintergrund, z.B. Boden, tieferes Wasser oder Riffe schlechter sehen. Wie wir bereits beschrieben haben, sind die Sinnesorgane des Hais primär nach vorne, zur Seite und nach oben ausgerichtet. Daher sind sie aus einer Position oberhalb des Tauchers nur bedingt einsetzbar. Entsprechend gilt die Faustregel, dass lediglich den Haien, die sich auf gleicher Höhe oder unterhalb eines Tauchers aufhalten und sich zudem in seine Richtung bewegen, vermehrte Aufmerksamkeit geschenkt werden muss. Weniger Beachtung verlangen Tiere oberhalb des Tauchers, was allerdings nicht bedeutet, dass ein Hai nicht seine Absichten während der Interaktion ändern kann. Ist das Tier im Moment der Positionsbestimmung allerdings bereits in der Interzone, ist eine grundsätzliche Änderung seiner räumlichen Beziehung zum Taucher eher unwahrscheinlich.

Wir haben am Anfang dieses Kapitels bereits angedeutet, dass einerseits die Position des Hais zum Taucher von Bedeutung ist, andererseits aber auch die räumliche Distanz des Tieres zu Strukturen in unmittelbarer Nähe. Bestimmt man die Position eines Hais, so ist es wichtig zu überlegen, ob das Tier seinen Standort primär wegen der Person im Wasser gewählt hat oder weil es eine Struktur dazu gezwungen hat. Letzteres kommt oft in flachem Wasser vor, wo der Hai gezwungen ist, auf gleicher Höhe oder etwas oberhalb des Tauchers zu schwimmen. In solchen Fällen, in denen quasi die dritte Dimension im Wasser fehlt (nicht tiefer als fünf Meter), muss jeder Hai, der sich in Richtung des Tauchers bewegt, beobachtet und analysiert werden.

Wir möchten nochmals darauf hinweisen, dass sowohl der äußere wie auch der innere Kreis keine Scheiben sind, sondern Kugeln gleichen. Unsere Erfahrungen mit einer großen Zahl von Haiarten zeigen, dass sich die Tiere anders verhalten, wenn sie in Regionen schwimmen, bei denen ihre „Kugeln" theoretisch an Strukturen oder Personen anstoßen, als wenn sie in ihrer Bewegung nicht eingeschränkt werden. Entsprechend ist es eine unserer Arbeitshypothesen, dass die Fluchtwege von Großhaien eingeschränkt sind, wenn sie wie z.b. Bullenhaie in flachem Wasser schwimmen müssen und dadurch ihr innerer Kreis am Untergrund anstößt. Somit ist eine erhöhte Aufmerksamkeit notwendig.

Diese räumliche Beziehung kann nicht in gleicher Weise auf jede Haiart übertragen werden. Es gibt Arten, wie z.b. Ammenhaie oder Weißspitzen-Riffhaie, die bevorzugt am Boden leben. Andere Arten wiederum, wie Weiße Haie oder Weißspitzen-Hochseehaie schwimmen oft direkt unter der Wasseroberfläche. Deswegen ist Artenkenntnis von Vorteil, die auch die Grundzüge der bevorzugten Verhaltensweisen hinsichtlich des Aufenthaltsortes und der Schwimmgewohnheiten einschließt. Da eine solche Detailkenntnis jedoch in den seltensten Fällen erwartet werden kann, schlagen wir vor, dass ein kontrollierter Rückzug erfolgen sollte, wann immer man einen Hai unter sich oder auf gleicher Höhe sieht und sich durch ihn bedroht fühlt. Wie dies zu geschehen hat, werden wir später beschreiben.

E (Environment): Umwelt

Den letzten Teil des ADORE-Konzepts betiteln wir als „Umwelt". Unsere Erfahrungen im Erklären des Konzepts haben gezeigt, dass es für Taucher einfacher ist, wenn wir den Begriff mit „unmittelbarer Umgebung" gleichsetzen. Jeder Aufenthaltsort, seien es eine Korallenwand, ein sandiger Untergrund in einer flachen Region oder ein Bewuchs mit Seegräsern hat seine spezielle Charakteristik. Dazu gehören sowohl die Strömungs- als auch die Sichtverhältnisse eines Tauchplatzes.

Die strukturellen Eigenschaften sind es, die das Verhalten eines Hais bei Anwesenheit eines Tauchers beeinflussen. Um „E" richtig verstehen und anwenden zu können, geben wir zunächst über die wichtigsten marinen Ökosysteme einen kurzen Überblick, der jedoch bei Weitem nicht vollständig ist und lediglich zeigen soll, wie unterschiedlich Regionen sein können. Damit soll deutlich werden, wie sehr sich diese Unterschiede auf das Verhalten des Tieres auswirken können, was wiederum Konsequenzen für die Interaktion mit Menschen hat. Für eine detaillierte Beschreibung der einzelnen Ökosysteme verweisen wir auf Fachbücher.

<u>Überblick über marine Ökosysteme</u>

Der Begriff Ökosystem wurde 1935 von A. G. Tansley, einem der bedeutendsten Begründer der Pflanzenökologie, geprägt. Er defi-

nierte ihn als *holistisches Konzept der Pflanzen, der gewöhnlich mit ihnen assoziierten Tiere und all der physikalischen und chemischen Bestandteile der unmittelbaren Umwelt oder des Habitats, die zusammen eine erkennbar eigenständige Einheit bilden.*
Bestandteile eines Ökosystems sind demnach auch Lebensgemeinschaften. Eine Lebensgemeinschaft (Biozönose) ist die räumliche und zeitliche Vergesellschaftung verschiedener Populationen, die durch Charakteristika wie Dichte, Geschlechterverhältnis, Altersstruktur, Geburts- und Immigrationsrate, Mortalitäts- und Emigrationsrate geprägt ist. Der Begriff Ökosystem meint also das Zusammenspiel zwischen Lebensgemeinschaft und physikalischer Umwelt. Lebensgemeinschaften und Ökosysteme sind somit keine unabhängigen Einheiten.

Schelf und Tiefsee

Große Teile der Kontinente und kleinere Landmassen sind von verhältnismäßig seichtem Wasser umgeben. Diese Region wird als Kontinentalschelf bezeichnet und reicht durchschnittlich bis in eine Tiefe von ungefähr 200 Metern. Am Rande des Schelfs beginnt der Kontinentalabhang, der den Übergang zur Tiefsee markiert. In beiden Großlebensräumen leben Haie, wobei die Mehrheit der Arten auf den Bereich des Kontinentalschelfs beschränkt ist.

Gezeitenzone

Die Gezeitenzone ist dadurch charakterisiert, dass sie im Rhythmus von Ebbe und Flut periodisch der Luft ausgesetzt ist. Das Ausmaß des Tidenhubs zwischen Ebbe und Flut variiert je nach Ort, Saison und Monatszeit. Die Aktivität der Gezeiten und die Kraft der Wellen haben einen entscheidenden Einfluß auf die Habitate der Gezeitenzone. Strömungen können große Mengen an Sediment und losen Materialien transportieren, was wiederum zu Abrasionserscheinungen hervorstehender Strukturen führt. Schließlich wirbeln Wellen und Strömungen Sediment auf, wodurch das Wasser trüb und die Sichtweite eingeschränkt wird.

Strukturell können Fels-, Sand- und Schlammküsten unterschieden werden. Viele Lebewesen dieser Habitate zeigen auffällige Spezialanpassungen an ihren Lebensraum. Pflanzen, aber auch Tiere entwickeln Strukturen, mit denen sie sich am Untergrund festhalten oder im Sediment eingraben können. Typische Tiere sind hier Muscheln, Schnecken, Würmer, Stachelhäuter und Krabbentiere.

Verschiedene Haiarten können diesen Lebensraum bewohnen. Die größte Art, die sich regelmäßig in diesem Habitat aufhält, ist der Bullenhai. Die Tatsache, dass sich Tiere, die eine Größe von über drei Metern erreichen können, in solch untiefem Wasser aufhalten, hat auch Konsequenzen für die Interaktion zwischen Haien und Menschen (Abbildung 8).

In warmen Gebieten, dem hauptsächlichen Aufenthaltsort des Bullenhais, nutzen immer mehr Menschen das Meer und die Küsten als Erholungsraum. Dabei ist unvermeidlich, dass sich die Aufenthaltsorte von Mensch und Hai teilweise überschneiden und es so zu einer Interaktion kommt. Will man das Verhalten des Bullenhais interpretieren, spielt die Struktur seines Habitats eine wichtige Rolle. Das flache Wasser in der Gezeitenzone zwingt so große Tiere in einen nahezu zweidimensionalen Raum. Dieser Umstand macht ein Ausweichen nach oben oder unten unmöglich und schränkt die Bewegungsfreiheit dadurch ein.

Das Konzept von ADORE-SANE kann selbstverständlich auch in dieser Situation angewandt werden, wobei Aspekten wie dem Annäherungswinkel oder dem inneren Kreis besondere Bedeutung zukommt.

Estuarine

Küstengebiete, in denen Süßwasser aus Bächen und Flüssen vom Land ins Meer fließt, werden als Estuarine bezeichnet. Durch den Einfluss von Süßwasser verändern sich die physikalischen Eigenschaften dieses Lebensraums und somit die Artenzusammensetzung. Einfließendes Süßwasser ist oft sehr nährstoffreich. Wo es auf Salzwasser trifft, sind häufig sogenannte Planktonblüten zu beobachten, die wiederum größere, sich von Plankton ernährende Tiere anziehen.

Tiere, die sich in Estuarinen aufhalten, können ihre Physiologie den schwankenden Salzverhältnissen anpassen. Bekannt sind zwischen Salz- und Süßwasser wandernde Fischarten, z.b. passen sich der Aal (*Anguilla anguilla*) oder der Atlantische Lachs (*Salmo salar*) während ihrer Wanderung vom Atlantik in die Süßgewässer Europas in Estuarinen an die veränderten Salzverhältnisse an.
Auch Haie können in Estuarinen leben. Die wohl bekannteste Art ist der Bullenhai. Er kann sowohl im Salz- wie auch im Süßwasser überleben und dabei seine Physiologie den veränderten Umweltbedingungen anpassen. Wie dies im Detail geschieht, ist allerdings noch nicht gut erforscht..

Mangroven

Innerhalb 30° nördlicher und südlicher Breite gehören Mangroven zu den dominierenden Pflanzen im Küstenbereich. 60-70 % der Küstenlinien tropischer und subtropischer Gebiete sind mit Mangroven bewachsen. Viele dieser ökologisch äußerst bedeutsamen Lebensräume sind heute allerdings durch menschliche Besiedlung bedroht. Welch gravierende Folgen diese Zerstörung auf Populationen von Meerestieren haben kann, zeigen Beispiele von Haien.

Viele Arten nutzen Mangrovengebiete als „Kinderstube" für ihre Jungen. Trächtige Haiweibchen schwimmen zum Gebären in die seichten Gewässer und bringen dort ihre Nachkommenschaft zur Welt.

Danach verlassen sie die Gebiete wieder und die Jungtiere können im Schutz des seichten Wassers, sicher vor größeren Haien, aufwachsen. Zudem finden sie hier meistens auch genügend Nahrung. Je nach Art verlassen sie diese Regionen nach einem oder mehreren Jahren und beginnen ihr Leben im Riff oder anderen Lebensräumen. Die Vernichtung der Mangrovengebiete durch menschliche Eingriffe zerstört solche „Kinderstuben", womit das langfristige Überleben einzelner Arten bereits jetzt schon gefährdet ist.

Kelpwälder

Kelp findet man in Gebieten, in denen die Wassertemperatur 20° nicht übersteigt. Kelpwälder sind Ansammlungen von Großalgen, die bis zu 50 Meter lang werden können. Jede Kelppflanze ist mit wurzelähnlichen Strukturen am Untergrund befestigt, die aber im Gegensatz zu echten Wurzeln keine Nährstoffe oder Wasser aufnehmen, sondern lediglich der Verankerung dienen.

Ähnlich wie in den Wäldern des Festlandes findet man auch in Kelpwäldern eine artenreiche und diverse Lebensgemeinschaft. Viele Schnecken, Muscheln, Stachelhäuter und Würmer ernähren sich von Kelp oder kleineren Algen. Aber auch große Tiere nutzen diese unterseeischen Wälder als Lebensraum.

In Nordamerika, Alaska und den Aleuten findet man z.B. Seeotter (*Enhydra lustris*), die eine wichtige Funktion haben bei der Kontrolle von Seeigeln, die sich ihrerseits von Kelp ernähren. Andere große

Säugetiere wie Robben und Seekühe nutzen diesen Lebensraum ebenfalls.
Auch Haie findet man in Kelpwäldern. Vor allem kleinere Arten wie Katzenhaie nutzen die zahlreichen Verstecke und das große Nahrungsangebot. Der Umstand, dass Kelpwälder in kälteren Gewässern zu finden sind und oftmals auch von Seehunden als Aufenthaltsorte genutzt werden, führt dazu, dass auch Weiße Haie sich in der Nähe dieser Unterwasserwälder aufhalten. Allerdings schwimmen sie meist nicht direkt in den Kelpwäldern, sondern patrouillieren entlang der Randgebiete.

Seegraswiesen

Seegräser sind die einzigen echten Gefäßpflanzen der Meere und sind weltweit in allen Breitengraden zu finden. Seegras wächst oft unmittelbar unter der Gezeitengrenze. Meistens kommen die Wiesen in geschützten Buchten oder Lagunen vor, die klares Wasser und sandigen Boden enthalten. Die häufigste Seegrasart der gemäßigten Breiten ist das Aalgras (*Zostera* spp.); in den tropischen Breitengraden wird es durch das Schildkrötengras (*Thalassia* spp.) abgelöst.
Seegraswiesen gehören zu den produktivsten Gebieten mit seichtem Wasser und sandigem Untergrund. Totes organisches Material wird zersetzt und dient Bakterien und Detritusfressern als Nahrungsgrundlage. Ferner finden viele wirbellose Tiere wie Würmer, Filtrierer,

Polypen und Manteltiere Schutz in den unterseeischen Wiesen. Gerade in subtropischen und tropischen Regionen grenzen Seegraswiesen häufig an Mangrovengebiete und dienen entsprechend ebenfalls als „Kinderstube" der Haie. Neben den Haien findet man aber auch andere größere Tiere, die sich speziell von Seegras ernähren. Beispiele hierfür sind pflanzenfressende Knochenfische, einige Schildkrötenarten oder Seekühe.

Korallenriffe

Von allen Habitaten, die Haie nutzen, sind Korallenriffe Tauchern am besten bekannt. Korallen sind lebende Hartstrukturen, die von kleinen Tieren (Polypen) gebildet werden. Die meisten riffbildenden Polypen gehören zu derselben Tiergruppe (Cnidaria). Viele Haiarten nutzen Korallenriffe als Lebensraum. Das Größenspektrum reicht von Katzenhaien über verschiedenste Riffhaiarten und Hammerhaie bis hin zu Walhaien.

Offenes Wasser

Neben den oben erwähnten „strukturierten" Ökosystemen gibt es auch das „offene" Wasser. Hiermit bezeichnet man Stellen, an denen kein Grund mehr zu sehen ist, keine Riffwände vorhanden sind und keine anderen Strukturen, die dem Taucher - abgesehen von der Oberfläche - eine strukturbezogene Orientierung geben.

Wie in Riff- oder anderen Regionen, kann man auch im offenen Wasser mit den verschiedensten Haiarten in Kontakt kommen, z.B. Weißspitzen-Hochseehaie, Blauhaie oder Makohaie. Da offenes Wasser eher zu den nährstoffarmen Regionen gehört, ist die Wahrscheinlichkeit einer Begegnung allerdings gering.

Worauf zu achten ist

In den letzten Abschnitten haben wir gesehen, dass sich Unterwasserumgebungen stark voneinander unterscheiden können. Deshalb ist es wichtig, dass man sich vor dem Sprung ins Wasser informiert, welche Strukturen, Strömungen und Sichtverhältnisse zu erwarten sind.
So verhindern Riffstrukturen häufig, dass man Haie bereits aus der Ferne sieht und sie tauchen dementsprechend scheinbar unmittelbar aus dem Riff auf. Dieses Phänomen verdeutlicht, dass einerseits der äußere Kreis nicht oder nur selten gesehen werden kann und andererseits sich der Hai zumeist bereits in der Interzone oder gar am inneren Kreis befindet.

Taucht man in Riffstrukturen, so ist es wichtig, dass man sich primär am „Ursprung" (O) und der „räumlichen Beziehung" (R) des Tieres orientiert. Dennoch sollte man sich immer vor Augen halten, in welchem Bezug der Hai zu der entsprechenden Struktur und der Person steht. Wenn der Hai mangels anderer Möglichkeiten versucht, zwischen einem Taucher und dem Riff hindurch zu schwimmen, muss er dabei seine Geschwindigkeit an der „engsten" Stelle zwangsläufig erhöhen. Das Verhalten des Hais wird durch die Umgebung, also die Riffstruktur und die Distanz des Menschen zum Riff, beeinflusst. Seine erhöhte Geschwindigkeit muss in diesem Kontext gesehen werden. In ähnlicher Weise sollte man auch Strömungen als Umgebungsparameter interpretieren. Oftmals lassen sich Haie mit der Strömung treiben und kommen dabei näher an den Taucher heran als sie es ohne Strömung tun würden.

Die Wahl des Tauchpartners

Obwohl ein Tauchpartner nicht mit einem Riff oder einem Kelpwald verglichen werden kann, wird auch er die Situation bei der Begegnung und Interaktion mit einem Hai beeinflussen. Daher sollte man unbedingt wissen, wie gut ausgebildet der Tauchpartner ist, welche Erfahrung er hat und wie stark das eigene Vertrauen in ihn ist. Wie wir im zweiten Teil des Konzepts sehen werden, spielen Erfahrung und Nervosität beim Umgang mit Haien eine wichtige Rolle. Dies bezieht sich allerdings primär auf die interagierende Person.

Aus eigener Erfahrung wissen wir, dass eine an sich harmlose und entspannte Situation mit Haien schnell in eine unkontrollierte umschlagen kann, wenn ein unerfahrener Tauchpartner oder

Schnorchler - bewußt oder unbewußt - Dinge tut, die eine Reaktion des Hais auslösen und sofortige Maßnahmen notwendig machen. Man könnte als Grundsatz formulieren, nie mit fremden Partnern in einer Region zu tauchen, wo die Wahrscheinlichkeit groß ist Haien zu begegnen.

Am Schluss dieses Buches werden einzelne konkrete Beispiele dargestellt und wir werden uns dort nochmals eingehend mit dem Faktor Umgebung auseinandersetzen. Wann immer man im Wasser einem Hai begegnet, sollte man sich fragen, wie sich die unmittelbare Umgebung auf ihn auswirken und in welcher Weise dies die momentane Situation beeinflussen könnte.

SANE – Die Bedeutung des Menschen bei der Interaktion mit Haien

SANE ist der Teil des Konzepts, der sich nicht auf den Hai, sondern auf den Menschen bezieht. Wie schon der ADORE-Teil besteht auch SANE aus verschiedenen Teilaspekten: Zusammen ergeben sie ein vielschichtiges Bild des Menschen unmittelbar vor oder während der Begegnung mit einem Hai.

Dabei muss betont werden, dass bestimmte Verhaltensweisen des Menschen einen Hai anlocken und mitunter kann sich die Aktivität des Menschen im Verhalten des Hais widerspiegeln. Daher ist die Analyse von SANE ein wesentlicher Bestandteil für das Verstehen der eigentlichen Situation, in der sich ein Mensch bei der Begegnung mit einem Hai befindet.

Die vier Aspekte des SANE-Teils sind die Situation (S, Scenario) - die generelle Situation, in der man sich befindet -, die Aktivität (A, Activity) – die Bewegungsweise oder Aktivität, die man ausführt -, die Nervosität (N, Nervousness) - der Erregungszustand, in dem man sich befindet - und schließlich die Erfahrung (E, Experience) - die Erfahrung, die man im Umgang mit der entsprechenden Haiart besitzt.

Wir diskutieren am Schluß dieses Buches mehrere Beispiele und möchten den interessierten Leser bei Verständnisproblemen auf jene Kapitel verweisen.

Nachfolgend gehen wir auf die wesentlichsten Aspekte von SANE ein, aber da wir das eigentliche Grundkonzept vorstellen wollen, versteht es sich von selbst, dass wir nicht jede mögliche Konstellation zwischen Mensch und Hai durchdiskutieren können.

S (Situation): Situation

Der Begriff „Situation" muss als Gesamtbild verstanden werden, denn dieser Teilaspekt des Konzepts schließt im weiteren Rahmen auch die Aspekte Umgebung (E) des ADORE-Teils und Nervosität (N) des SANE-Teils mit ein.

Dieser Aspekt versucht die Situation, in der sich eine Person befindet, im Zusammenhang mit der Anwesenheit eines Hais zu analysieren und die wahrscheinlichsten Einflussfaktoren zu erfassen. Häufig sind Menschen nicht in der Lage, die Komplexität einer Situation zu erfassen, da sie mit Teilaspekten beschäftigt sind und dem Gesamtbild zu wenig Aufmerksamkeit schenken. Ein Beispiel aus dem Alltag ist der Autofahrer, der wegen der Suche nach einem bestimmten Radiosender nicht bemerkt, dass er sich einer Baustelle nähert und die vor ihm fahrenden Wagen bereits bremsen. Unsere Aufmerksamkeit auf einen besonders interessanten Teilaspekt verhindert im allgemeinen das Erfassen der Situation als Ganzes.

Genau so ergeht es dem Taucher, der mit sich selbst beschäftigt und nicht in der Lage ist zu realisieren, was um ihn herum vorgeht. Wer kennt nicht den ambitionierten Fotografen mit dem klemmenden Auslöser oder dem streikenden Blitzgerät, der während des gesamten Tauchgangs nur mit seiner Ausrüstung beschäftigt ist und am Ende weder „den einen Hai" noch die „bunte Nacktschnecke"

Abbildung 1 (© Sharkproject)
Flossenbezeichnungen

Abbildung 2 (© Sharkproject)
Lokalisation und Bezeichnungen der best untersuchten Sinnesorgane eines Hais. Weitere Sinnesorgane sind z.b. Savische Vesikel, Spirakelorgane oder auch Druck- und Wärmerezeptoren, die über den ganzen Körper verteilt sind. Diese Organe sind jedoch noch nicht eingehend untersucht worden und es ist nicht bekannt, wie oder ob sie bei der Begegnung mit einem Menschen eine Rolle spielen. Es besteht jedoch Grund zu der Annahme, dass Sinnesorgane, die eine Dehnung der Haut registrieren, dem Hai bei Berührungen durch den Menschen Informationen liefern können.

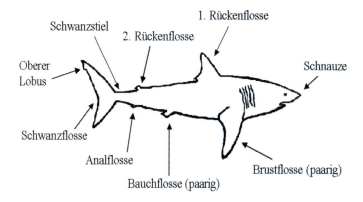

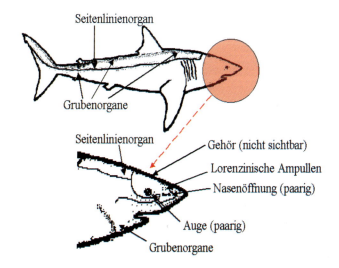

Abbildung 3 (© Erich Ritter)
Ein Weißer Hai hebt seinen Kopf aus dem Wasser und orientiert sich am Fotografen. Beim Durchdringen der Wasseroberfläche werden oft die Augen nach hinten gedreht und eine helle Struktur (Sclera) wird sichtbar. Dieses Wegdrehen des Auges dient dem Schutz der Hornhaut und der Linse beim Wechsel des Medium von Wasser zu Luft. Außerdem schützen Weiße Haie ihre Augen, wenn sie Tiere jagen, weil die Beute um sich schlägt oder sich aktiv wehrt (Seehunde), also immer, wenn sie möglicherweise am Kopf berührt werden. Die in diesem Bild sichtbaren „Kratzspuren" um das Auge und die Schnauze stammen von Seehunden.
Nicht selten drehen sich Weiße Haie leicht zur Seite, wenn sie an der Oberfläche schwimmen und behalten das andere Auge untergetaucht. Eine Hypothese behauptet, dass das zweite Auge deshalb unter Wasser bleibt, um nach anderen Weißen Haien Ausschau halten zu können. Im allgemeinen gehören Weiße Haie zu den wenigen Haiarten, die regelmäßig ihren Kopf aus dem Wasser halten. Der Hauptgrund scheint darin zu liegen, dass ihre Beute oftmals auf dem Wasser liegt und diese bei schlechter Sicht unter Wasser kaum gesehen werden kann; ein Heben des Kopfes über Wasser erleichtert das Absuchen der Wasseroberfläche. So kann der Weiße Hai möglicherweise auch verhindern, dass Beute (z.B. Seehunde), die bei aktiver Verfolgung aus dem Wasser springt, nicht während dieser „Luftphase" verloren geht.

Abbildung 4 (© Erich Ritter)
Weiße Haie sind an den unterschiedlichsten Strukturen interessiert, die sich an der Oberfläche befinden. Da Haie nicht wissen, was künstliche von Menschen hergestellte Objekte sind (wie Surfbretter (!), Luftmatratzen, oder eben das vorliegende Brett), müssen die Tiere diese mit ihren vorhandenen Sinnen zu erfassen versuchen. Da jedoch kein Sinnesorgan ihnen in irgendeiner Weise eine genaue Erklärung liefern kann, kommt es in seltenen Fällen dazu, dass das Tier die Struktur anstößt oder sogar hineinbeißt (Probebiss).
Im Bild sieht man, wie der Hai die Struktur mit der Kopfregion berührt und vermutlich versucht, einerseits mit seinen Druckorganen die „Dichte" der Struktur zu erfassen, andererseits aber auch festzustellen, ob das Material ein bioelektrisches Feld besitzt. Auch hier bleibt das linke Auge untergetaucht (s. a. Beschreibung zu Abbildung 3). Man beachte gleichfalls das rechte, offene Auge: Dass das Brett einen seehundähnlichen Umriss besitzt, verleitet den Hai nicht (!) anzunehmen, dass es sich wirklich um einen Seehund handeln könnte (es wurde lediglich getestet, ob der Umriss eine Rolle spielt). Doch da das Tier eben nicht weiß, was es sein könnte, versucht es das Ganze näher zu untersuchen

Abbildung 5 (© Sharkproject)
Das ADORE-SANE Schema und seine Begriffe. ADORE ist ein Akronym, zusammengesetzt aus Teilaspekten wie beispielsweise Absicht und Beeinflussung eines Hais im Umgang mit einem Menschen. SANE ist das entsprechende Akronym für Faktoren, die einen Menschen beeinflussen, wenn er sich im Wasser befindet und bewusst oder unbewusst das Verhalten eines Hais bestimmt.
Die meisten Faktoren von ADORE und SANE beeinflussen einander, doch man kann davon ausgehen, dass das Verhalten eines Hais primär ein Spiegelbild der Situation ist:
- Menschen und die Umgebung schaffen Gegebenheiten, auf die der Hai re-agiert, aber nicht agiert. Je erfahrener ein Taucher ist, desto weniger wird es sich mit SANE befassen (müssen), wenn er mit einem Hai interagiert und sich vermehrt auf das Tier konzentrieren können.

Abbildung 6 (© Tom Campell)
Ein Weißer Hai nähert sich dem Fotografen, der sich nicht bewegt: Der Winkel zwischen der Schwimmrichtung des Tieres und der Position des Tauchers ist größer als 30 Grad. Ein solcher Winkel (von Art zu Art unterschiedlich, doch immer um 30 Grad herum) bedeutet, dass das Tier zwar generell Interesse an der Situation hat, doch wahrscheinlich nicht näherkommen wird.
Dass dieses Tier bereits nahe an seinem inneren Kreis ist, sieht man daran, dass beide Brustflossen heruntergedrückt sind (Erhöhung beider seitlicher Oberflächen). Das bedeutet auch, dass das Tier in erhöhter „Bereitschaft" ist. Es berührt nämlich mit seinem inneren Kreis (Kugel) bereits die Wasseroberfläche, so dass ein Ausweichen nach oben nicht mehr möglich ist. In einer solchen Situation sollte man sich ruhig verhalten (kein Flossenschlag mehr) und nach Möglichkeit in eine vertikale Position übergehen.

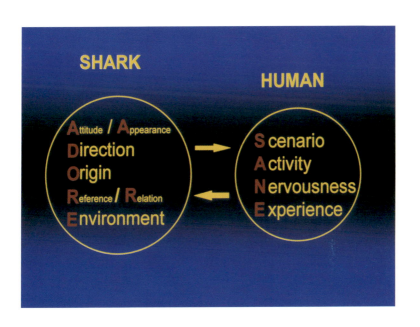

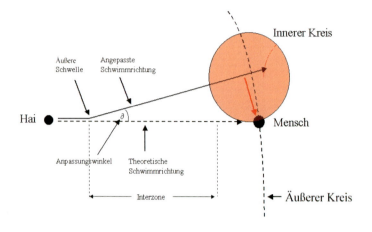

Abbildung 7 (© Sharkproject)
Schematische Darstellung des inneren und äußeren Kreises. Die Distanz zwischen der äußeren Schwelle und dem Erreichen des inneren Kreises (innere Schwelle) nennt man „Interzone". Diese Interzone ist diejenige Region, in der die meisten gängigen Verhaltensweisen gesehen werden, was bei der Analyse der Absicht des Tiers behilflich ist. Je nach Sichtweite und Blickrichtung werden die meisten Haie jedoch erst in der Interzone registriert.

Abbildung 8 (© Jürg Brunnschweiler)
Ein Bullenhai dreht am inneren Kreis ab. Die Krümmung des Tiers deutet darauf hin, dass das Tier von der Drehung der Person „überrascht" wurde. Eine solche Drehung ist wichtig bei der Interpretation der Situation (ADORE), da in diesem Fall „Ursprung" (Origin) eine deutliche Absicht ausdrückt. Es darf jedoch auch nicht außer Acht gelassen werden, dass sich das Tier in unmittelbarer Ufernähe befindet und nur noch ein quasi zweidimensionaler Raum übrig bleibt, was seine Fluchtmöglichkeiten stark reduziert.
Die Person trägt Handschuhe: Der Grund liegt darin, dass die sich bewegenden Teile der oberen Extremitäten, in diesem Fall die weißen Handflächen, für Bullenhaie sehr attraktiv sind. Entsprechend versuchen sie oft, diese anzustoßen oder gar danach zu schnappen. Wir nehmen an, dass weiße Stellen, die sich bewegen, wie Wunden an Fischen interpretiert werden: Fischmuskeln sind meistens weiß. Und eine solche Wunde wird sich „unnatürlich bewegen", wenn der Fisch verletzt herumschwimmt.
Ist die Distanz zum Fisch etwas größer, wird der Fisch als solches kaum mehr sichtbar sein, sondern nur noch die weiße Stelle. Höchstwahrscheinlich werden auch noch die Schwingungen wahrgenommen, die vom verletzten Fisch ausgehen. Da eine menschliche Hand sich ebenfalls unregelmäßig bewegt und oftmals auf die Wasseroberfläche klatscht, ist leicht einzusehen, weshalb ein Hai solche Dinge näher untersuchen möchte.

Abbildung 9 (© Tom Campell)
Ein Weißer Hai am inneren Kreis. Das Tier hebt seinen Vorderkörper und dreht die Brustflossen, um sich „aufzustellen", da der innere Kreis (Kugel mit dem Hai als Zentrum) den Fotografen „berührt". Dieses Verhalten muss als Abbremsen und Ausweichen angesehen werden. Da der innere Kreis gleichzeitig auch die Wasseroberfläche „berührt", sind dem Tier bestimmte „Reaktionswege" versperrt. Die Position des Tieres leicht oberhalb des Tauchers („R" aus ADORE-SANE) stellt einen „strategischen" Nachteil dar, zeigt aber gleichzeitig, dass das Tier keine Jagdabsichten gegenüber dem Taucher hatte. Entsprechend ist die Haltung kein Drohverhalten (agonistisches Verhalten) gegenüber dem Fotografen, sondern lediglich ein Produkt aus Schwimmrichtung und Abstand des Hais zum Taucher. Man beachte das geschlossene Maul des Tieres.

Abbildung 10 (© Sharkproject)
Die typischen Grundmuster bei der Annäherung eines Hais an ein unbekanntes Objekt wie z.B. an einen Menschen. Je nach gewähltem Schwimmmuster kommen unterschiedliche Sinnesorgane zum Einsatz.
Das Schwimmmuster und die gewählte Nähe zum Objekt geben Hinweise auf das Interesse des Tiers an der Situation.

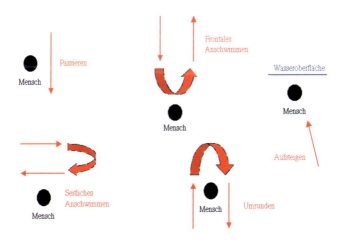

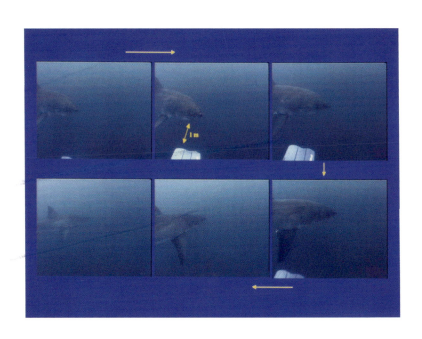

Abbildung 11 (© Erich Ritter)
Ein Weißer Hai passiert einen Taucher: Der Taucher befindet sich in einer vertikalen Position an der Oberfläche. Der Hai zeigt deutliches Interesse an den Flossen, da diese sich bewegen und einen Wasserdruck erzeugen. Das nahe Vorbeischwimmen erlaubt dem Tier sein Seitenlinienorgan (Wasserdruck) einzusetzen. In einer solchen Situation sollte man sich regungslos verhalten, um beim Hai möglichst wenig Interesse zu wecken. Dabei muss auch hier berücksichtigt werden, dass Taucher und Hai sich unmittelbar an der Oberfläche befinden und dem Hai ein „Fluchtweg" nicht mehr offenstehen.

Dem Tier in dieser Bildfolge muss mit Zurückhaltung begegnet werden, da seine zerkratzte Haut in der Kopfregion auf eine niedrige Hemmschwelle und vermehrte Kampfbereitschaft hindeuten. Das Kopfdrehen in Bild 2 unterstreicht diese Annahme ebenso wie das Überschreiten der inneren Schwelle in die heiße Zone. Entsprechend hoch ist die Wahrscheinlichkeit, dass dieses Tier vor Tauchern keinen großen Respekt hat, unabhängig davon, dass der Taucher für ihn ein unbekanntes Wesen darstellt.

Abbildung 12 (© Erich Ritter)
Seitliches Anschwimmen eines Weißen Hais. Das Tier nähert sich dem Taucher bis auf eine geringe Distanz, um beim zweiten Passieren das Seitenlinienorgan (Wasserdruck) einsetzen zu können. Die Distanz zum Taucher beim zweiten Passieren entspricht dem inneren Kreis. Das seitliches Anschwimmen zeugt von deutlichem Interesse, daher muss der Begegnung mit einem solchen Tier alle Aufmerksamkeit geschenkt werden.
Man beachte im 3. Bild, dass das Tier zusätzlich seine linke Brustflosse hinunterdrückt, was für eine solche Drehung eigentlich nicht notwendig wäre. Dies bedeutet, dass das Tier bei der Richtungsänderung in eine erhöhte Bereitschaft geht und auch nach links ausweichen könnte, sollte sich das Objekt (Mensch) plötzlich bewegen. Das beidseitige Hinunterdrücken der Brustflossen bewirkt eine beidseitige Oberflächenvergrößerung und somit erhöhte Manövrierbarkeit.

Abbildung 13 (© Sharkproject)
Schematische Darstellung des Anschwimmwinkels eines Tauchers, der für den Hai bedrohlich wirkt. In den meisten Fällen wird eine Schwimmrichtung, die nahezu frontal auf den Hai zielt, immer als Bedrohung gesehen. Vom Hai wird diese Bedrohung mit einer mehr oder weniger intensiven Anpassung (Änderung) seiner Schwimmrichtung beantwortet.
Im allgemeinen sollte man Haie nie von vorne anschwimmen, wenn man mit ihnen interagieren will. Das gilt insbesondere, wenn man sich an der Oberfläche oder in Bodennähe befindet, weil dann die „Auswege" des Hais beschränkt sind. Dadurch kann es zu Stresssituationen kommen, die kaum mehr eine eigentliche Interaktion zwischen Mensch und Hai zulassen.

Abbildung 14 (© Erich Ritter)
Ansicht zweier Karibischer Riffhaie aus deren blinden Winkel. Die sensorischen Organe der Haie sind vorwiegend nach vorne, zur Seite und nach oben hin ausgerichtet und weniger nach unten und hinten. Daher ist es möglich sich diesen Tieren in deren „blinden" Winkel zu nähern, ohne bemerkt zu werden.
In diesem Bild ist der hellblaue (sichtbare) Himmel in Kontrast zum dunklen Wasser deutlich sichtbar. Der helle Bereich wird als Snellsches Fenster bezeichnet: Unabhängig davon wie tief man ist (vorausgesetzt man sieht die Oberfläche), kann man bei einem Blick nach oben den sichtbaren Bereich des Himmels durch die Wasseroberfläche unter einem Winkel von maximal 48,6 Grad von der Senkrechten wahrnehmen.
Man beachte auch den Saugfisch, der an einer Körperstelle des Hais angeheftet ist, der dem Anschein nach weder hydrodynamisch noch sensorisch empfindlich ist (s.a. die Beschreibungen für Abbildungen 20, 21 und 22).

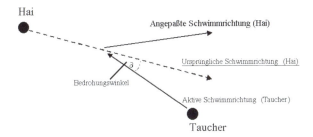

Abbildung 15 (© Tom Campbell)
Ein Weißer Hai an der inneren Schwelle (innerer Kreis) zeigt Augenrollen. Dabei wird der Kopf nicht mitbewegt. Lediglich das Auge orientiert sich an der Struktur, wobei das Auge beim Vorbeischwimmen den Eindruck vermittelt, dass es nach hinten gedreht wird. Tatsächlich bleibt das Auge auf den Taucher fokussiert, der sich in den meisten Fällen nicht bewegt. Die sichtbare Bewegung des Auges wird dabei von der Linse (hier als runder heller Kreis sichtbar) erzeugt, die sich gegen die „darum liegende" Iris abhebt. Generell gilt: der sichtbare Teil des Auges eines Weißen Hais ist nicht schwarz, wie oft beschrieben, sondern dunkelblau.
Der Hai in diesem Bild stellt keine Bedrohung dar, einerseits weil das Tier keine erhöhte Aufmerksamkeit ausdrückt (keine Oberflächenvergrößerung durch die Brustflossen), andererseits weil auch kein Maulen beobachtet wird, was normalerweise gerade bei Weißen Haien an der inneren Schwelle oft der Fall ist.
Einzig die Narben in der Schnauzenregion deuten an, dass dieses Tier vor noch nicht allzu langer Zeit in Kämpfe (Jagd) involviert war und entsprechend eine niedrigere Hemmschwelle haben könnte. Deshalb sollte man mit diesem Tier trotz der fehlenden Drohgebärden eher mit Zurückhaltung interagieren. Obwohl dieser Hai relativ nahe an der Oberfläche schwimmt, scheint sein innerer Kreis die Wasseroberfläche nicht zu „berühren".

Abbildung 16 (© Doug Perrine)
Ein maulender Tigerhai. Das Tier behält sein Maul in halb offener Stellung, als es vorbeischwimmt (passieren). Diese Maulstellung wird als Drohgebärde interpretiert. Doch das Tier zeigt auch gleichzeitig eine eher vorsichtige Haltung, denn die linke Brustflosse ist nach unten gedrückt.
Zwar ist die rechte Brustflosse nicht sichtbar, doch man kann davon ausgehen, dass ein Tier, das droht (mault), nicht gleichzeitig auch die Brustflossen herunterdrücken würde, wenn es sich nicht auch in einer Stresssituation befände. Entsprechend ist die Wahrscheinlichkeit sehr hoch, dass diese Tier nach dem Drohen nach rechts abdrehen wird. Aufgrund der sehr intensiven Körperfärbung handelt es sich um ein Jungtier.

Abbildung 17 (© Erich Ritter).
Ein männlicher Karibischer Riffhai „gähnt". Gerade nach dem Fressen wird dieses Verhalten oft beobachtet. Ein wesentlichster Unterschied zur eigentlichen Beißbewegung liegt darin, dass das Öffnen und Ausstülpen der Kiefers sehr langsam geschieht. Man nimmt an, dass dieser Vorgang einer inneren Positionsanpassung der Sehnen und Muskeln des sehr komplizierten Kieferapparates dient.
Die als „Spirakelorgane" bezeichneten Sinnesorgane „kontrollieren" hauptsächlich die beiden Hyomandibulare, das sind Knorpel, die mit dem Schädel und Kieferapparat in Verbindung stehen. Sie sind vermutlich als Reizauslöser für das „Gähnen" verantwortlich. Der Unterschied zum Maulen (Abbildung 16) liegt darin, dass hier die Kiefer ausgestülpt werden.
Der Hai in diesem Bild ist in einer sehr entspannten Haltung, obwohl er sich sehr nahe am inneren Kreis befindet. Man beachte auch auf diesem Bild das bereits in Abbildung 14 beschriebene Snellsche Fenster.

Abbildung 18 (© Doug Perrine)
Galapagoshai am inneren Kreis. Das Tier hat beide Brustflossen heruntergedrückt (Vergrößerung der seitlichen Oberfläche). Das deutet darauf hin, dass das Tier in einer erhöhten Bereitschaft ist.

Abbildung 19 (© Tom Campbell)
Direkt anschwimmender Weißer Hai. Das Tier hat den Taucher im übergreifenden Sichtbereich, so dass der Situation Beachtung geschenkt werden muss. Obwohl das direkte Anschwimmen sehr bedrohlich aussieht, zeigt die Brustflossenstellung die Absicht des Tieres. Die rechte Brustflosse ist bereits nach unten gedrückt und das Tier wird in diese Richtung abdrehen. Man beachte, dass dieser Hai unmittelbar (!) unter der Oberfläche schwimmt und entsprechend reduzierte Auswege besitzt. Daher sollte sich ein Taucher in einer solchen Situation nicht bewegen, resp. wenn das Tier angeschwommen werden müßte, dies nicht von unten her zu tun.

Abbildung 20 (© Erich Ritter)
Die Bildsequenz zeigt das Abstreifen (Chaffing) eines Saugfisches, der sich am Seitenlinienregion eines Schwarzspitzenhais angesaugt hat. Die Zahlen in der rechten oberen Ecke sind die Zeitangabe in Sekunden. Man beachte den eigentlichen Schwanzschlag (Bild D und E), den das Tier während des Bodenkontakts ausführt.
Das Abstreifen am Boden ist eine der beiden Möglichkeiten, die ein Hai hat, einen Saugfisch loszuwerden. Die andere Möglichkeit ist aus dem Wasser zu springen und mit derjenigen Seite auf das Wasser zu fallen, an der sich der Saugfisch befindet.

Abbildung 21 (© Erich Ritter)
Die Bildsequenz eines sich windenden (Wiggling) Schwarzspitzenhais, an dessen Seitenlinienregion sich ein Saugfisch angeheftet hat. Das Winden muss als eine Körperreaktion verstanden werden, die zum Ziel hat, den Saugfisch von der betreffenden Stelle wegzubefördern.
In dieser Bildsequenz sieht man jedoch deutlich, dass der Saugfisch zu Beginn der Sequenz „wandert" und wahrscheinlich zuerst Grubenorgane reizt, bevor er sich dann am Seitenlinienorgan festsaugt, was beim Hai eine sehr ausgeprägte Reaktion auslöst. Einerseits können Saugfische Regionen reizen, die sensorisch sensibel sind, andererseits hydrodynamisch das Tier beeinflussen. Unabhängig davon scheint der Hai mit seiner Körperreaktion zu versuchen, die Haut der entsprechenden Region zusammenzudrücken oder zu dehnen, um den Druck des Anheftapparats (= modifizierte Rückenflosse des Knochenfisches) zu reduzieren.
Sich windende Haie ähneln dem oft beschriebenen „Buckeln" sehr, das als Drohverhalten beschrieben wird. In den meisten Fällen sehen jedoch Taucher eben kein eigentliches Buckeln, sondern lediglich einen Hai, der versucht sich von einem Saugfisch zu befreien oder diesen zu motivieren, sich an einer anderen Stelle festzuheften.

Abbildung 22 (© Erich Ritter)
Saugfische zwischen den Brustflossen von Karibischen Riffhaien. Der vordere Saugfisch hat sich noch nicht festgesaugt. In den meisten Fällen zeigen Haie keine Reaktion, wenn Saugfische sich zwischen den Brustflossen oder in deren unmittelbaren Region befinden, doch gibt es auch dort Grubenregionen (der zweite Saugfisch befindet sich daran), die bei Berührung eine Reaktion von Seiten des Hais bewirken.
Die erste Rückenflosse der Saugfische ist zum Anheftorgan umfunktioniert worden, entsprechend „steht" das Tier nicht auf dem Kopf bei einer Anheftung, solange es sich unterhalb des Hais befindet. Oftmals wurde beschrieben, dass Saugfische von den Haien gebraucht werden, damit diese sie von Parasiten befreien können. In Wirklichkeit ist es doch meist eher so, dass sie die Haie als Transportmittel gebrauchen. Man beachte die geringe Distanz dieser beiden Haie zueinander. Obwohl der Taucher sehr nahe ist, zeigt das vordere Tier keine Anzeichen eines Wegdrehens.

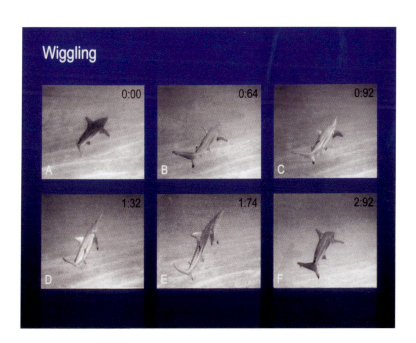

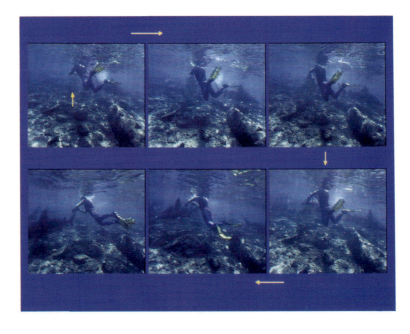

Abbildung 23 (© Tom Campbell)
Ein Weißer Hai, der von „hinten" an den Taucher schwamm und überrascht wurde. Dieser Hai macht den Begriff des „Ursprungs" (Origin) aus ADORE sehr deutlich. Da das Tier seinen inneren Kreis bereits erreicht hatte und nun vom Taucher gesehen wird, muss es eine starke Drehung machen, um nicht mit dem Taucher in Kontakt zu kommen.
Beim Näherkommen wird das Tier in eine erhöhte Bereitschaft versetzt und beide Brustflossen sind heruntergedrückt, um nach beiden Seiten ausweichen zu können. Man beachte, dass das Tier sich an der Oberfläche befindet, was seine Auswege reduziert.

Abbildung 24 (© Gary Adkison)
Die Bildsequenz zeigt einen sich nähernden Bullenhai, der durch die Hand des Schorchlers an seinem Körper vorbeigeleitet wird. Der anschwimmende Hai ist im ersten Bild mit einem Pfeil markiert.
Man beachte die geringe Tiefe, die das Tier in einen erhöhten Bereitschaftszustand versetzt. Obwohl das Tier sich in der heißen Zone befindet, ist die Situation nicht alarmierend, denn das Bild zeigt lediglich eine normale Situation seines Auskundschaftverhaltens.
Die einzig richtige Reaktion des Schnorchlers ist, das Tier in einer nicht aggressiven Weise an sich vorbeizuleiten, indem er es in der Kopfregion leicht berührt und führt. Bedingt durch die Untiefe würde eine aggressive Reaktion des Schnorchlers beim Hai eine ungewünschte Reaktion auslösen.

gesehen hat. Wie oft schon sind Taucher ins Wasser gesprungen und haben ihren Bleigurt oder die Taucherbrille an Bord vergessen? Oder der Aufmerksamkeitswert einer fragwürdigen Anzeige des Tauchcomputers!

Diese und andere eher banale Probleme können dazu führen, dass man nicht in der Lage ist die Situation hinsichtlich der Umgebung (E) zu erfassen. Schwierigkeiten unter Wasser können sich erfahrungsgemäß schnell vergrößern und sollte dazu noch ein Hai auftauchen, ist das Chaos perfekt. Sehr wahrscheinlich reagiert man dann nicht so, wie es notwendig wäre um die Situation mit dem Hai richtig zu verstehen (ADORE). Entsprechend wird das Tier seinerseits sein Verhalten ändern, da der Hai sich (vorausgesetzt, er reagiert) auf den anwesenden Menschen ausrichtet, also einen Spiegel seiner Präsenz und Aktivität darstellt.

Die Situation kann die Interaktion mit einem Hai verändern. Deshalb ist es notwendig zu versuchen, sie so schnell wie möglich zu beherrschen. Die Kontrolle über die Situation kann das Auslösen einer Kettenreaktion verhindern.

A (Activity): Aktivität

Wenn ein Taucher oder Schwimmer einen Hai erblickt, zeigt die Person irgendeine Form von Aktivität: sie bewegt sich oder treibt mit der Strömung, schwimmt unbewusst neben dem Hai oder von ihm weg, steigt im Wasser auf bzw. ab...

Der Teilaspekt „Aktivität" befasst sich mit den Bewegungen, die eine Person bei der Begegnung mit einem Hai gerade macht, wie das Tier die Aktivität interpretiert und darauf reagiert. Ist der Mensch in der Lage, die Situation richtig zu erfassen, dann erkennt er häufig auch gleichzeitig die Schwierigkeiten, die mit seiner entsprechenden Aktivität verbunden sein können. Hier kann als Beispiel das Harpunieren von Fischen genannt werden, das Verhaltensänderungen beim Hai auslöst. Die Aktivität hat obendrein noch Einfluss sowohl auf die menschliche Nervosität (siehe nächstes Kapitel) als auch auf die Reaktion des Hais.

Generell können zwei Formen von Aktivitäten in Bezug auf Haie unterschieden werden: Einerseits solche, die eine Konfrontation mit einem Hai provozieren, wie z.B. Fische harpunieren. Andererseits Aktivitäten, die als Resultat nicht notwendigerweise zu einer Begegnung mit einem Hai führen müssen. In Bezug auf den ersten Aspekt versteht es sich von selbst, dass man, außer in kontrollierten Situationen, keine Aktivitäten fördert, die einen Konflikt mit Haien zur Folge haben könnten. Entsprechend wird in diesem Buch auch nicht auf solche provozierenden Aktivitäten eingegangen.

Der zweite Aspekt betrachtet die folgenden „scheinbar" unkritischen Aktivitäten:

Schwimmen

Schwimmen im Meer verhindert in den meisten Fällen die Wahrnehmung des direkten Geschehens unter Wasser. Allein schon auf Grund unserer Körperhaltung ist es schwierig, Haie zu sehen. Schwimmen gehört zu den Aktivitäten, die einen Hai anlocken können. Da der Mensch oft keine Schwimmbrille oder Maske trägt, ist es für ihn schwierig das Tier in der Situation richtig zu erfassen. Wenn man aber den „berühmten Schatten" sieht, sollte man unbedingt aufhören zu schwimmen und sich in eine vertikale(!) Position begeben, die Beine hängen lassen und sie nicht bewegen.

Haie haben Schwierigkeiten, vertikale Objekte zu verstehen und zeigen die Tendenz, sich zumeist davon fernzuhalten. Wir haben dies mit allen Großhaiarten wie Weißen Haien, Bullenhaien, Zitronenhaien oder Hammerhaien getestet und immer die erwartete Reaktion festgestellt. Zeigt der Hai trotzdem Interesse und kommt näher, sollte man versuchen sich so wenig wie möglich zu bewegen und vor allen Dingen zuckende Bewegungen zu vermeiden.

Mit wenig „Bewegung" ist nicht gemeint, dass man versucht langsam wegzuschwimmen, sondern sich lediglich bemüht, mit eingeschränkten Armbewegungen unter Wasser die Position zu halten. Armbewegungen auf der Wasseroberfläche sollten vermieden werden, weil die dadurch verursachte Tonfrequenz beim Hai zusätzliches Interesse wecken könnte.
Unabhängig davon, ob man sich im Wasser ruhig verhält oder Geräusche produziert, beginnen Haie häufig damit Personen zu umkreisen. Darin sollte keine Bedrohung gesehen werden, denn die Tiere wollen sich hauptsächlich dadurch ein besseres Bild vom Objekt im Wasser machen. Das geschieht vorwiegend mit dem Seitenlinienorgan (Abbildung 2). Dieses Organ kann aber nur auf einer Distanz von ungefähr zwei Körperlängen (des Tieres) effektiv eingesetzt werden, woraus sich die kürzeste Distanz zwischen Hai und Person ergibt.

Befindet man sich zu zweit im Wasser und ist ein Hai in der Nähe, sollte man sich ungefähr eine Körperlänge voneinander entfernen. Dadurch wird der Hai die zwei Personen als eine einzelne, größere Struktur empfinden und eine entsprechende Distanz dazu einnehmen. Er wird sie deswegen trotzdem umrunden, doch zeigt die Erfahrung, dass die Kreise größer werden, was wiederum bei den Personen weniger Unbehagen hervorruft.
Die Ursache hierfür - denn das Seitenlinienorgan scheint ja benutzt zu werden - wurde noch nicht gezielt untersucht. Vielleicht steht sie

im Zusammenhang damit, dass zwei Personen wesentlich größer als ein Hai erscheinen und somit die „Vorsicht" schon vor dem Erreichen der eigentlichen Minimaldistanz einsetzt.

An der Wasseroberfläche treiben

Im Gegensatz zum Schwimmen bewegt man sich beim Treiben an der Wasseroberfläche nicht und wird von der Strömung - sofern vorhanden - mitgetragen. Während all der Jahre, in denen wir uns mit Haien beschäftigten, zeigten Haie an treibenden Menschen wenig Interesse. (Eine Ausnahme sind Weiße Haie in Anwesenheit von Surfern.)
Zwar kann sich ein Hai gelegentlich trotzdem nähern, doch wird sich die Neugier schnell legen. Sollte man sich beim Treiben an der Oberfläche in Anwesenheit eines Hais unwohl fühlen, hilft auch hier ruhig zu bleiben und sich vertikal im Wasser zu positionieren.

„Planschen"

Diese Aktivität gehört zu den ganz wenigen, die meistens eine deutliche Reaktion bei Haien in der Nähe auslösen kann und sie sollte beim Auftauchen eines Hais sofort unterbrochen werden. Der Grund für das Anlocken der Tiere durch Planschen liegt in den dadurch produzierten Frequenzen.

Dabei handelt es sich vorwiegend um solche, die im Bereich von 300 Hz liegen. Gleiche Signale werden auch von Fischen verursacht, die sterben oder verletzt sind. Selbstverständlich sehen Menschen nicht wie Fische oder andere Tiere aus, die ein Hai normalerweise frisst. Doch er ist ein Räuber und es liegt in seiner Natur Neues auszukundschaften. Letztlich könnte etwas Neues für einen Hai fressbar sein und wenn das so wäre, würde es ihm einen selektiven Vorteil gegenüber einem anderen Hai verschaffen, der sich diese Futterquelle nicht erschlossen hat.

Das bedeutet nicht, dass ein Hai, der eine herumplanschende Person wahrnimmt, sogleich auf sie zuschwimmt und sie in die Waden beißt. Doch wird das Tier offensichtliches Interesse an der Person zeigen. Dies zu verhindern bzw. nicht weiter zu fördern geschieht dadurch, dass man mit dem Planschen aufhört und sich wieder in eine vertikale Position begibt.

Freitauchen (Apnoe-Tauchen)

Freitauchen oder Apnoe-Tauchen gehört zu den Aktivitäten, die regelmäßig zu Unfällen mit Haien führen. Obwohl wir bereits ziemlich genau zu wissen glauben, was in dieser Situation geschieht, haben wir noch einige Experimente durchzuführen um unsere Theorie vollständig zu bestätigen. Trotzdem möchten wir es an dieser Stelle nicht versäumen, sie dem Leser kurz vorzustellen.

Grundsätzlich kann davon ausgegangen werden, dass nicht das Freitauchen an sich einen Unfall provoziert, sondern der Umstand, dass am Ende des Tauchgangs ein Sauerstoffmangel im Körper des Menschen auftritt. Dann beginnen sich die Muskeln zu verkrampfen, was zu ruckartigeren und nicht mehr fließenden Bewegungen führt. Solche Bewegungen produzieren einerseits Schwankungen des Wasserdruck in der nächsten Umgebung des Tauchers, andererseits aber auch Geräusche, die von der Frequenz her wiederum einen sterbenden oder verletzten Fisch vermuten lassen. Wenn man sich in Regionen befindet, in denen Haie vorkommen, muss die Grundzeit verringert werden um beim Aufstieg Sauerstoffnot zu vermeiden.

Aus dem gleichen Grund sollte man sich an der Oberfläche vor dem nächsten Tauchgang genügend Zeit nehmen, bevor man wieder abtaucht. Sieht man während des Freitauchens einen Hai, ist es ratsam keine großen Flossenbewegungen zu machen, denn Haie orientieren sich bevorzugt an den sich bewegenden Teilen eines Objekts (Wasserdruck).

Flossenschläge können Wasserbewegungen erzeugen, die auch noch Sekunden oder sogar Minuten später von einem Hai geortet werden können. Diese Fähigkeit ermöglicht es ihm, auch dann Wasserbewegungen zu folgen, wenn er den eigentlichen Verursacher dafür nicht sieht.

Schnorcheln

Schnorcheln ermöglicht es einerseits einen sich nähernden Hai zu sehen, andererseits gehört diese Aktivität aber auch zu denjenigen, die vermehrt Geräusche produzieren und so Haie in der Nähe anlocken können. Wie schon bei anderen Aktivitäten beschrieben, sind es neben den Geräuschen die damit verbundenen Bewegungen, die einen Hai zum näheren Auskundschaften verleiten. Sollte sich ein Hai in aufdringlicher Weise dem Schnorchler nähern, muss dieser sich ruhig verhalten, aufhören zu schwimmen und eine vertikale Position einnehmen.

Zusammenfassend lässt sich sagen, dass sowohl Schwimmen, Schnorcheln als auch Planschen Geräusche produziert, die Haie anlocken können. Zugleich sind diese Aktivitäten auch mit Bewegungen verbunden, die es zu unterbinden gilt. Außerdem sollte man sich, falls möglich, von einer horizontalen in eine vertikale Lage begeben.

Durch diese beiden Verhaltensänderungen erreicht man, dass der Geräuschfaktor abnimmt. Fehlende Bewegungen lösen keine weiteren Reize aus, die den Hai neugierig machen könnten, und die vertikale Position verhindert eine Möglichkeit des Vergleichs, da die meisten Beutetiere der Haie horizontal ausgerichtet sind.

N (Nervousness): Nervosität

Vieles wurde über die menschliche Nervosität geschrieben und wie sie das tägliche Leben beeinflusst. Nichts ist jedoch darüber bekannt, wie Nervosität die Begegnung mit einem Hai beeinflussen kann. Entsprechend verwenden wir diesen Begriff in einem sehr weiten Sinn und schließen auch Dinge mit ein, die vielleicht auf den ersten Blick nicht direkt damit im Zusammenhang stehen.

Nervosität kann einen Taucher beeinflussen und sich somit auf die Situation auswirken, in der er sich befindet. Nervosität geht dabei Hand in Hand mit der Erfahrung und der Aktivität eines Tauchers. Zusätzlich müssen auch Faktoren wie Seekrankheit, Erwartungshaltung, Angst oder Anspannung mit einbezogen werden. Physische und mentale „Zustände" (persönliche Disposition, Befindlichkeit) beeinflussen die Art zu denken, die Art der Wahrnehmung und die Urteilskraft

Nervosität ist ein Gefühlszustand erhöhter Erregung. Nicht selten bewirkt dieser Zustand, dass man unüberlegt handelt, zu schnelle oder falsche Entscheidungen trifft und nicht mehr in der Lage ist Unterschiede im Verhalten von Tieren oder auch Menschen zu erkennen. Ein nervöser Mensch verliert schnell den Überblick über die Situation. Es versteht sich von selbst, dass dies bei einer Haibegegnung nicht wünschenswert ist. Will man die Interaktion mit einem Hai zu seinem Vorteil nutzen oder die Absicht des Tieres auch nur ansatzweise verstehen (wie das im ADORE-Teil ausgeführt wurde), ist Nervosität nur hinderlich. Sie kann aber im Zusammenhang mit Haien auch in Angst übergehen.

Definiert man Angst medizinisch, wird sie als Spannungszustand beschrieben, verbunden mit Gefühlen wie Beklemmung oder auch Bedrohung. Damit gehen oft Körperreaktionen einher wie Zittern, Herzklopfen, Schweißausbrüche, Schlaflosigkeit oder Übererregbarkeit. Angst kann eine Reaktion auf äußere Reize, etwa eine tatsächliche Bedrohung durch ein Tier, oder aber auf innere Reize wie seelische Konflikte sein.

Wenden wir uns kurz von der eigentlichen Begegnung mit Haien ab und beleuchten die grundsätzliche Angst vor Haien (Selachophobie). Es ist interessant zu sehen, dass viele Menschen Angst vor diesen Tieren haben, ohne dass sie je eines in freier Natur zu Gesicht bekommen haben. Wenn wir also die obige Definition von Angst mit einbeziehen, kann die eigentliche Bedrohung nicht der Grund für eine Phobie sein, da sich die meisten Menschen nie einer Situation mit freilebenden Haien aussetzen würden.

Ob diese Form der Angst genetisch fixiert ist, wäre eine interessante Frage, die von Biologen und Psychologen erst noch beantwortet werden muß. Mindestens aus biologischer Sicht wäre eine solche

Prädisposition möglich und würde auch - jedenfalls teilweise - Sinn machen. Man kann davon ausgehen, dass die erwähnte Form von Angst Teil der menschlichen Entwicklung war, die sich bei den Menschen früherer Epochen als Angst vor tiefem Wasser manifestierte.

Diese Menschen damals waren, wie viele auch heute noch, teilweise schlechte oder gar keine Schwimmer und sie brachten Tiere, die im tiefen Wasser lebten, mit ihrer Angst vor der Tiefe in Verbindung. Entsprechend könnten auch heute noch Haie unbewusst im Zusammenhang mit der gefährlichen Situation „tiefes Wasser" gesehen werden und weniger als die eigentliche Bedrohung „Raubtier".

Die meisten Haiarten sind in unmittelbarer Ufernähe zu finden und einige leben sogar in Flussmündungen oder sogar den Flüssen selbst. Deshalb ist die Wahrscheinlichkeit groß, dass schon Menschen der Vorzeit sie regelmäßig zu sehen bekamen und somit Wasser generell mit der Angst vor Haien in Verbindung gebracht wurde. Indem diese „Tradition der Angst" über Generationen hinweg weitergegeben wurde, ist es wahrscheinlich, dass nicht nur die Warnung vor dem (tiefen) Wasser, eben die Umgebung als solche, sondern auch vor den Tieren, die darin lebten, als Gefahr „vererbt" wurde.

Wie wirkt sich nun Nervosität oder gar Angst auf die Begegnung mit einem Hai aus? Das Folgende scheint dem bereits früher erwähnten Problem beim Freitauchen ähnlich zu sein, doch im Gegensatz zum Freitauchen, bei dem die körperliche Reaktion eher unbewusst eintritt, weil man einfach noch einige Sekunden länger unten bleiben möchte - was als positive Haltung gewertet werden kann -, provoziert Nervosität eine bewusste Reaktion.

Nervosität nimmt man an sich selbst wahr und kann beurteilen, ob man sich unwohl fühlt. Nervöse Menschen zeigen alle Abstufungen von „leicht unsicher" bis hin zu „panische Angst". Entsprechend versteifen oder verkrampfen sich auch die Muskeln unterschiedlich stark. Die Körperbewegungen werden weniger fließend, was zur Folge hat, dass entweder unterschiedliche Frequenzen in Form von arhythmischen Schwingungen ins Wasser ausgesendet werden oder unterschiedliche Wasserdrucke in unmittelbarer Nähe der Person entstehen.

Wie bereits erwähnt, können Menschen unter bestimmten Umständen Signale aussenden, die einem verletzten Fisch ähnlich sind. Diese Tatsache kann im Zusammenhang mit Haien zu unangenehmen Situationen führen. Da Menschen häufig auch beträchtlich größer als die meisten Fische sind, scheint eine nervöse oder erregte Person Haie auch deshalb anzulocken, weil damit das Signal des „Opfers" wesentlich „lauter" ist.

Im Umkehrschluss heißt das, je ruhiger und gelassener man im oder unter Wasser ist, desto „uninteressanter" wird man für einen Hai. Und warum sollte man nicht gelassen sein, wenn er sich in der Nähe befindet? Es spricht nichts dafür, dass von Haien irgendeine grundsätzliche Bedrohung ausgeht. Auch wenn Angst scheinbar rational nicht erklärt werden kann, ist es unumgänglich sich in einen gelassenen und entspannten Zustand zu versetzen, wenn man mit den Tieren interagieren will oder zwangsläufig muss, z.B. beim Abschätzen der gegenwärtigen Situation. Die beste Technik zur eigenen Beruhigung besteht darin, dass man sich bereits vor dem Tauchgang mit einer möglichen Interaktion auseinandersetzt. Wenn nötig, kann man geeignete Entspannungsübungen machen. Nicht selten macht jedoch nicht die eigentliche Begegnung mit Haien nervös, sondern z.B. eine geliehene Tauchausrüstung, ein neuer Tauchpartner oder ein fremdes Tauchboot. Es ist sehr wichtig, dass man sich selbst gegenüber in solchen Situationen ehrlich bleibt und sich nach den tatsächlichen Beweggründen fragt.

Wir verwenden bei unseren Untersuchungen vor Ort oft einen Pulsmesser, der uns eine Vorstellung von unserem eigenen „Gemütszustand" gibt und durch die Kontrollmöglichkeit eine aktive Beruhigung erlaubt. Häufig müssen wir z.B. für Filmaufnahmen an uns fremden Orten mit Haien interagieren und der Sponsor verlangt unter Umständen, dass wir dabei „seine" neuen Tauchanzüge oder Geräte tragen. Hinzu kommen Zeitdruck, schlechtes Wetter und vielleicht sind die Tiere, mit denen gearbeitet werden muss, zudem auch noch Weiße Haie. Dies alles sind Faktoren, mit denen auch wir uns regelmäßig auseinandersetzen müssen. Dann ist eine aktive Beruhigung unsere einzige Garantie dafür, dass die Situation sicher und ungefährlich bleibt.

Atemübungen können sich bei nervösen Menschen positiv auswirken. Hat man sich jedoch noch nie damit befasst, wird man zu Beginn kaum erfolgreich sein, wenn die Dinge bereits an Bord oder an Land „falsch laufen". Viele Taucher springen trotzdem ins Wasser, denn man ist ja wegen des Tauchens hier, will nicht schlecht dastehen und unterliegt dem Gruppendruck.

Folglich muss dann eine Beruhigung im Wasser geschehen. Sieht man einen Hai, ist die beste Technik sich mit(!) dem Hai zu beruhigen. Es steht außer Frage, dass man sich von Haien bei einer Begegnung angezogen fühlt, sie anstarrt oder ihnen folgt. Das Anstarren kann zur Beruhigung beitragen, indem man sich z.B. auf den Schwanz des Tieres konzentriert, nicht nur, um seine Haltung (A, Attitude) zu verstehen, sondern auch um die Schläge zu zählen. Das kann den Puls herunterdrücken, denn die Schlagfrequenz des Hais ist wesentlich niedriger als die des eigenen Herzens und man passt sich durch das Zählen unbewusst diesem Rhythmus an.

E (Experience): Erfahrung

Grundsätzlich unterscheidet man drei Formen von Erfahrungen, die ein Taucher bei einer Begegnung mit einer bestimmten Haiart haben kann.
1) Der Taucher hat Erfahrung im Umgang mit Haien, tauchte aber noch nie mit der gegenwärtigen Art,
2) der Taucher hat primär Erfahrung im Umgang mit dieser Art, oder
3) der Taucher hat überhaupt keine Erfahrung mit Haien.

Selbstverständlich kann Erfahrung die Einschätzung einer Situation wesentlich beeinflussen. Das kann bedeuten, dass ein erfahrener Taucher leichter die Wesenszüge einer speziellen Art erkennen und entsprechend reagieren kann. Es mag aber auch bedeuten, dass der Taucher eine ähnliche Verhaltensweise bei anderen Arten bereits gesehen hat und somit in der Lage ist, diese hier nun richtig zu interpretieren.

Bis jetzt haben wir immer nur von Erfahrungen mit Haien in ihrem natürlichen Lebensraum gesprochen. Doch wie steht es mit der Theorie?
Viele Menschen wissen sehr viel über Haie aus Büchern und Filmen, doch haben sie noch nie ein lebendes Exemplar in seinem natürlichen Lebensraum gesehen. Kann man bei solchen Tauchern von Erfahrung ausgehen?

Theoretisches Wissen zählt im Wasser nicht oder nur wenig, im Gegenteil, es kann sogar ein deutlicher Nachteil sein. Nicht selten sind Theoretiker fixiert auf Bilder bzw. Sequenzen aus Büchern und Dokumentationen, die sich über Jahre hinweg in ihrem Unterbewusstsein eingenistet haben und entsprechend nun die tatsächliche Begegnung mit einem Hai beeinflussen.

Natürlich gehört zu dem Teilaspekt „Erfahrung" von ADORE-SANE auch die Erfahrung einer Aktivität im Moment der Begegnung mit einem Hai. Ein Tauchanfänger wird mit großer Wahrscheinlichkeit aufgeregter sein, wenn er ins Wasser steigt und ihm ein Missgeschick wie das Verlieren des Bleigurts oder der Maske passiert. Auf der anderen Seite sind Tauchanfänger häufig vorsichtiger als die geübten „Haudegen" und kontrollieren dementsprechend ihre Ausrüstung besser. Grundsätzlich ist jedoch ein Routinier gelassener in kritischen Situationen. In noch größerem Maße gilt das, wenn keine Probleme auftauchen und alles nach Plan läuft. Dann sieht der erfahrene Taucher häufig viel mehr, da er sich nicht mit Anfängerproblemen auseinandersetzen muß. Seine Ausrüstung trägt er wie eine zweite Haut.

Einige Leser werden sich nun fragen, welche Ausrüstung ich benutze. Es mag überraschend sein, aber wir alle, die täglich mit Haien arbeiten, reduzieren unsere Ausrüstung auf ein absolutes Minimum und tragen nichts, was wir nicht unbedingt benötigen. Ich gehöre noch zur alten Tauchergeneration, bei der eine Tarierweste Argwohn und großes Staunen auslöste. Zwar gehe auch ich ab und zu mit dem Trend, doch kann ich nicht behaupten, dass mein Tauchcomputer oder meine zweite Stufe noch irgendwo erworben werden könnte – sehr zur Erheiterung vieler Sporttaucher, die mich oft begleiten.

Wir möchten nicht unerwähnt lassen, dass es auch Tauchern mit sehr viel Erfahrung passieren kann, dass sie sich in einer Situation mit Haien wiederfinden, die ein ungutes Gefühl erzeugen. Es sollte dann selbstverständlich sein, das Gefühl ernst zu nehmen und seine Aktivität entsprechend anzupassen um sich zu entspannen. Leider passiert es oft, dass gerade erfahrene Taucher sich nicht eingestehen können bzw. wollen, dass es Dinge gibt, denen sie unter Wasser entweder nicht gewachsen sind oder zumindest eingeschüchtert gegenüber stehen. Das ist doch uns allen schon passiert - unabhängig von aller Erfahrung. Es wird auch immer wieder geschehen. Nur Personen, die sich selber gegenüber nicht ehrlich sind, werden solche Situationen leugnen und früher oder später eine drohende Gefahr nicht erkennen.

Unter Wasser gibt es keine Helden, sondern nur Taucher, die entweder auf ihre innere Stimme hören und das Richtige tun oder solche, die der Außenwelt beweisen wollen, dass die Unterwasserwelt ihre Domäne ist. Die Unterwasserwelt gehört uns Menschen nicht und jede Form von Arroganz unsererseits kann ernsthafte Schwierigkeiten verursachen.

Bekannte Haiarten

Befasst man sich mit einer Haiart über längere Zeit, sieht man beim Interagieren vieles, das einem Neuling im Umgang mit dieser Art verborgen bleibt. Andererseits kann auch das Gegenteil passieren, dem Routinier fallen nämlich dann Dinge nicht mehr auf, die einem unerfahrenen Taucher förmlich ins Auge springen

Wie bereits erwähnt, ist es wesentlich, jede Situation, egal ob neu oder vertraut, zuerst zu erfassen und das Tier in seiner Umgebung zu betrachten. Dabei kommen sowohl die Teilaspekte des Erscheinungsbildes (A) wie auch der Umgebung (E) zum Tragen. Handelt es sich um eine bereits bekannte Art, mit der man früher schon Kontakt hatte, entwickelt man schnell ein „Gefühl" für bestimmte Dinge. Diese „gewisse Erfahrung" bezieht sich auf innere und äußere Kreise, generelle Schwimmmuster oder das allgemeine Erscheinungsbild.

Verhält sich dann ein beobachteter Hai anders als man aus seiner Erfahrung erwartet, wird man dies schnell feststellen. Andererseits birgt Erfahrung auch Gefahren in sich. Gerade beim Vorhandensein einer solchen „Vertrautheit" mit der entsprechenden Art kann es passieren, dass man über die Grenzen hinausgeht und etwas macht, was man bei einer anderen Art, mit der man noch nicht interagierte, unterlassen würde. So habe ich schon oft gesehen, dass Leute, die glaubten die entsprechende Art zu kennen, sich zu nahe an ein Tier begaben, es damit in die Enge trieben und es so zu einer Situation kam, die Handeln meinerseits notwendig machte.

Um das Maximum an Erfahrung bei einer Begegnung mit einem Hai herausholen zu können, lautet die beste Regel, immer so viele Details wie möglich aus ADORE-SANE zu erkennen, damit eine Situation möglichst umfassend eingeschätzt und dem Tier auch genügend Raum gelassen wird.

Das häufige Interagieren mit einer bestimmten Haiart bringt selbstverständlich große Vorteile, weil man in der Tat ein „Gefühl" für die entsprechende Art bekommt. Interagiert man mit ihr über längere Zeit hinweg, wird man früher oder später im Unterbewusstsein gespeichert haben, wann ein Tier den äußeren oder inneren Kreis erreicht oder wie die normale Schlagfrequenz seines Schwanzes ist. Ein Nichterfüllen dieser Erwartungen von Seiten des Hais kann uns wichtige Aufschlüsse über die Situation und unser eigenes Verhalten unter Wasser geben.

Bekannte Haiart – unbekannter Ort

Inwiefern ist man ein Experte für eine bestimmte Haiart, wenn man „seine" Tiere in einer anderen Umgebung studiert? Zeigen sie ein gleiches Verhalten bzw. signalisieren sie gleich?
Wir haben Aspekte dieser Fragen bereits an anderer Stelle des Buches aufgeworfen und sie mit Nein beantwortet. Haiarten einer

anderen Region „sprechen" einen anderen Dialekt - sie haben eine andere Körpersprache. Auch ein Fachmann für die entsprechende Art muss sich an die lokalen Veränderungen anpassen. Wie bereits erwähnt, ist das veränderte Futterspektrum ein wesentlicher Aspekt. Interagiert man mit der gleichen Art Tausende von Kilometern entfernt, wo andere Beutefische vorkommen, haben die Haie dort mit großer Wahrscheinlichkeit neue Strategien der Nahrungsaufnahme entwickelt. Dies wirkt sich auf ihr Annähern an unbekannte Objekte aus, zu denen auch Taucher gezählt werden. Eine andere Umgebung bewirkt andere Verhaltensweisen sich Neuem - Unbekanntem - zu nähern. Demnach ist es wichtig, dass man sich bei einer bekannten Art nicht darauf verlässt, dass sie sich an einem geographisch anderen Ort mit veränderten Bedingungen gleich verhält wie an einem bekannten Ort.

Unbekannte Arten

Dass eine unbekannte Haiart mit Zurückhaltung betrachtet oder untersucht werden soll, ist selbstverständlich. Wenn man einer neuen Art begegnet, bedeutet dies nicht, dass man sich dem Tier gegenüber „ängstlich" nähern oder verhalten sollte. Wichtig ist, emotional möglichst neutral an den Hai heranzugehen oder die Situation zu betrachten. Jede Emotion erschwert grundsätzlich das Verständnis.
Der Philosoph Bertrand Russell sagte, alle Tiere verhalten sich immer so, dass sie die momentanen Emotionen des menschlichen

Betrachters bestätigen. Mit anderen Worten: Wer ängstlich ist, sieht in den beobachteten Tieren eher eine Bedrohung. Doch so problematisch diese Haltung ist, so kritisch kann auch das andere Extrem sein, nämlich bei zu viel „Verniedlichung" sieht man die Gefahren nicht mehr. Wie bei allem, ist auch hier das Mittelmaß am Sinnvollsten und Erfolgsversprechendsten. Wir vertreten den Standpunkt, dass man einem Hai gegenüber grundsätzlich positiv eingestellt sein sollte, was sich auch auf die Nervosität (N) vorteilhaft auswirkt und somit eine möglicherweise bedrohliche Situation entschärfen kann. Schließlich sollte erwähnt werden, dass es manchmal durchaus möglich ist lediglich zu glauben, eine „neue" Art vor sich zu sehen. So etwas kann sich bei genauem Hinschauen als falsch herausstellen: Haie der selben Art sehen nicht immer „gleich" aus! Sie können schlanker, dicker oder auch anders gefärbt sein als ihre Artgenossen.

Kurzform von ADORE-SANE

Es ist nicht immer möglich und meistens auch gar nicht nötig, alle Aspekte von ADORE-SANE zu berücksichtigen, wenn sich eine Situation mit einem Hai eröffnet. Entsprechend haben wir eine Kurzform von ADORE-SANE entwickelt, die wir QAI nennen – *Quick Assessment of Intention* oder auch „Kurzanalyse der Absicht". Dabei wird das ursprüngliche Konzept auf drei wichtige Teilaspekte reduziert: Die Schwimmrichtung des Hais, seine Position zum Beobachter und sein Erscheinungsbild. Da der Abstand des Beobachters zum Tier, d. h. die Sicht unter Wasser eine wesentliche Rolle spielt, ist es naheliegend, QAI in der genannten Reihenfolge zu sehen. Zuerst sollte man versuchen den Anschwimmwinkel zu erfassen. Schwimmt der Hai direkt auf den Taucher zu, in einem kleinen Winkel zur Position des Tauchers oder in einem größeren? Nähert sich der Hai, kann man seine Position feststellen: Schwimmt der Hai unter dem Taucher, auf gleicher Höhe oder über ihm? Zuletzt macht man sich das Erscheinungsbild bewusst, das in den meisten Fällen sowieso erst dann wichtig wird, wenn der Hai relativ nahe ist.

Artspezifisches ADORE-SANE

Wie schon im Kapitel „Bekannte Haiart – unbekannter Ort" erwähnt, „spricht" dieselbe Haiart in ihrer Körpersprache häufig regionale „Dialekte". So ist es nicht erstaunlich, dass verschiedene Arten unterschiedliche Körpersprachen zeigen. Zwar findet man die gleichen Grundmuster, doch sind die Anpassungen an die jeweiligen physischen Möglichkeiten, die Nahrungsgrundlage und die Umgebung so unterschiedlich, dass die Tiere sich in Anwesenheit von unbekannten Objekten auch anders verhalten. Ein Weißer Hai nähert sich einem Menschen grundsätzlich anders als ein Bullenhai.

Im Umgang mit Haien und der täglichen Arbeit mit ihnen ist es notwendig, dass man permanent versucht auf neue Einzelheiten bei der Körpersprache innerhalb einer Art zu achten. Auch die kleinsten, unscheinbarsten Anpassungen und Verhaltensweisen helfen mit, das Tier besser zu verstehen und entsprechend zu handeln. Dies wiederum ermöglicht eine bessere Interaktion, was auch dazu beiträgt, dass man die Situation mit einem Hai genießen kann. Je mehr Erfahrungen man mit einer Haiart macht, desto kompletter wird deren Spektrum an Verhaltensweisen in unterschiedlichen Situationen wahrgenommen und verstanden werden können.

Passives und aktives Verhalten

Wo wir nichts anderes erwähnt haben, sind wir immer davon ausgegangen, dass sich der Hai dem Taucher nähert und der nicht aktiv mit dem Hai interagiert. Ein „passives" Verhalten des Tauchers hat den Vorteil, dass der Hai sich mit einem „stationären" Objekt auseinandersetzen kann.

Wir sind der Meinung, es ist immer besser, dem Hai Zeit zu geben die Situation zu erfassen. Dies wiederum gibt auch dem Taucher Zeit, die Situation zu überblicken, zu analysieren und sich mit ADORE-SANE auseinanderzusetzen. Die Erfahrung zeigt deutlich, dass man, unabhängig davon, ob die Situation gefährlich erscheint oder nicht, sich einige kurze Momente Zeit zum Erfassen geben sollte. Das verhindert „Kopflosigkeit", durch die man wichtige Details zu kontrollieren vergisst. Vor jeder Aktivität sollte immer passives Verhalten kommen. Haie sind Tiere, die auf unsere Präsenz reagieren. Ein ruhiger Taucher wird auf allen Ebenen immer bessere Resultate im Hinblick auf seine Interaktion erzielen als ein übereilt handelnder.

Nun werden einige Taucher sagen, dass sie z.B. im Roten Meer diesen Weißspitzen-Hochseehai oder jenen Seidenhai gesehen hätten, der aggressiv auf sie zuschwamm und vielleicht sogar noch in die Leiter biss, als sie sich gerade aufs Boot retten wollten. Wir kennen solche Geschichten und akzeptieren sie als geschehen, doch sind wir uns sicher, dass jeder dieser Taucher die Situation fehlinterpretierte und danach das Falsche zum ungeeignetsten Zeitpunkt machte. Wie bereits an anderer Stelle beschrieben, existieren Aggression bei Haien mit großer Sicherheit nicht im Zusammenhang mit Menschen.

Was wir als Aggression interpretieren, ist vielmehr das Produkt aus Einschüchterung und „Nicht-Verstehen" der Körpersprache der Tiere. Solche Stressmomente für beide Seiten könnten in den meisten Fällen vermieden werden, wenn man sich die Zeit nehmen würde, die Situation sich entwickeln ließe und danach bewusst(!) handeln würde. Das bedeutet: Falls man sich bedroht fühlt, wählt man entweder den kontrollierten Rückzug oder das zielorientierte Annähern auf das Tier hin.

Der kontrollierte Rückzug

Die wohl typischste Verhaltensweise eines Tauchers bei der Begegnung mit einem Hai ist der Rückzug, obwohl die Reaktion jedoch ungeschickt und unüberlegt ist. Es ist verständlich, dass unerfahrene Taucher bei einer Konfrontation mit einem Weißen Hai oder Tigerhai an Rückzug denken, doch sollte er nie unüberlegt erfolgen. Zuerst müssen die einzelnen Faktoren, die die Situation beeinflussen, erfasst und analysiert werden. ADORE-SANE bietet hierzu einen Ansatz.

Unsere Erfahrungen mit Haien haben uns gelehrt, dass es nahezu keine(!) Situation gibt, die einen sofortigen Rückzug des Tauchers verlangt. Vielmehr beschwört ein unüberlegter Rückzug fast immer genau die Situation herauf, die man primär verhindern wollte - dass nämlich der Hai dem Menschen folgt. Wie sieht nun ein kontrollierter Rückzug aus?
Eine goldene Regel dafür existiert nicht - absehen davon, dass er nicht „kopflos" geschehen sollte. Er hängt immer von der Situation ab, in der man sich befindet. Doch gibt es „Standardsituationen", die

häufig vorkommen und wir werden uns nachfolgend mit ihnen auseinandersetzen. Nur selten ist ein Taucher wirklich gezwungen sich vor einem Hai zurückzuziehen. Dies gilt auch für Begegnungen mit Weißen Haien. Doch kann es vorkommen, dass man sich in der Gegenwart eines Hais unwohl fühlt und sich ein Rückzug deswegen positiv auf das Empfinden des Tauchers auswirkt.

Situation 1
Man sieht einen Hai und möchte sich zurückziehen, einfach um seine Aufmerksamkeit nicht zu wecken. Da der Hai meistens zu weit entfernt ist, ist der Taucher nicht in der Lage QAI anzuwenden. Entsprechend sollte man sich die Umgebung zunutze machen. Weil die Augen auf größere Distanz neben dem Gehör das wichtigste Ortungssystem des Hais darstellen, sollte man versuchen, den Blickkontakt zu unterbrechen oder zumindest den Kontrast zu verringern.

Häufig reicht es schon, wenn man in die Projektion einer Struktur hineinschwimmen kann und damit den Sichtkontakt unterbricht oder zumindest vermindert (z.B. „dunkles" Riff). Eventuell muss man sogar auf einen Hai zuschwimmen um dies zu erreichen, aber nicht von ihm weg, was wohl die natürlichste Reaktion darstellen würde.

Ist keine Struktur vorhanden, schwimmt man am besten nicht mehr weiter und wartet, bis der Blickkontakt aufgrund der Sichtdistanz unterbrochen wird. Befindet man sich bereits im freien Wasser, sollte man in Relation zum Hai weiter absinken um den Kontrast zu verringern und dabei eine vertikale Position einnehmen.

Situation 2

Der Hai folgt in einer bestimmten Distanz und man möchte ihn abschütteln. Eine solche Situation scheint häufiger vorzukommen, obwohl der Hai in Wirklichkeit meistens gar keine Absicht hat dem Taucher zu folgen. Unsere Wahrnehmung lässt es uns aber so empfinden.
Als Erstes sollte überprüft werden, ob diese Beobachtung zutrifft oder nicht, indem man in einem ca. 90°-Winkel zur Schwimmrichtung des Hais wegschwimmt. So eine deutliche Richtungsänderung würde eine eindeutige Reaktion des Tieres nach sich ziehen, sollte der Hai dem Taucher wirklich folgen.
Meistens ist das nicht der Fall, das macht eine solche Richtungsänderung schnell klar. Sollte der Hai aber seine Schwimmrichtung ebenfalls anpassen, zeigt das Tier wirkliches Interesse. Das Sinnvollste ist dann mit der Bewegung aufzuhören, auf den Hai zu „warten" und mit ihm zu interagieren. Davonschwimmen kann man in der Situation nicht, da der Hai immer schneller ist.

Situation 3

Man ist am Ausstieg und ein Hai „wartet" an der Oberfläche. Diese Situation ist einfach zu lösen, indem man direkt von unten auf den Hai zuschwimmt und ihn zu einer Reaktion zwingt. In den meisten Fällen wird er sich zurückziehen.
Eine weitere Möglichkeit ist nicht direkt aufzutauchen, sondern aus der Tiefe hinter den Hai zu gelangen, indem man sich in einem Bo-

gen nähert. Hierdurch wird verhindert, dass die Luftblasen das Tier irritieren bzw. es überraschen. Der Hai wird sich entweder zurückziehen oder zumindest eine Distanz zwischen sich und den Taucher legen, die ihm Zeit und Raum geben um aus dem Wasser zu steigen.

Situation 4
Man schwimmt zum Boot zurück und wird von Haien „verfolgt". Haie suchen gerne Bezugspunkte und nutzen dazu entweder Boote oder Taucher, die an der Oberfläche zu ihnen zurückschwimmen. Sofern der Grund nicht allzu tief ist, sollte man nie an der Wasseroberfläche zum Boot zurückschwimmen, sondern einen Direktaufstieg unter dem Boot vorziehen.
Erfahrungen zeigen, dass Haie Personen, die am Rumpf „kleben", als Teil der Struktur wahrnehmen. Wir verwenden diese Methode häufig, wenn wir mit Weißen Haien arbeiten und es „eng" wird.

Es gibt sicherlich noch weitere ähnliche Situationen, doch würde deren Betrachtung den Rahmen des Buches sprengen. Die Grundidee, wie man sich kontrolliert zurückziehen sollte - falls dies tatsächlich notwendig würde - ist sicherlich auch an diesen Beispielen ausreichend erklärt.

Zielorientiertes Nähern

Es ist oft notwendig sich nicht vor einem Hai zurückzuziehen, sondern auf ihn zuzuschwimmen um die gewünschte Reaktion, nämlich die „haifreie" Rückkehr zum Boot oder zur Ausstiegsstelle zu gewährleisten. Beim Anschwimmen eines Hais muss einiges berücksichtigt werden. Der wichtigste Aspekt ist die Position des Tauchers in Relation zum Hai. Er kann sich über, unter oder auf gleicher Höhe mit dem Tier befinden. Diese drei Positionen haben unterschiedliche Konsequenzen.

Für den Taucher ist es zumeist einfach festzustellen, wie seine Position im Wasser relativ zum Hai ist, wenn der sich in der Interzone befindet. Interaktionen zeigen uns allerdings oft, dass die Position eines Tieres, das mehr als zehn Meter entfernt ist und sich nicht unmittelbar an der Oberfläche befindet, schwierig zu bestimmen ist.

Ist das Tier oberhalb des Tauchers, sollte man den Hai direkt von unten und vorne anschwimmen. Befindet man sich selbst über dem Hai, sollte man absinken bis man auf gleicher Höhe ist und dann das Tier aus möglichst spitzem Winkel anschwimmen. Dabei ist der wichtigste Aspekt ihm den „Kontrast" zu nehmen.

Hier soll nochmals betont werden, dass man sich häufig irrt, wenn man glaubt von einem Hai verfolgt zu werden. Entsprechend gilt die alte Regel des „Stop, Watch and Act" – Anhalten, Beobachten und Handeln.

ADORE-SANE in Anwendung bei mehr als einer Person

Interagieren mehrere Taucher gleichzeitig mit einem Hai, orientiert er sich normalerweise an der Person, die sich am nächsten zu seiner momentanen Position oder Schwimmrichtung befindet. Daher liegt es immer an diesem Taucher die Entscheidungen für eine weitere Interaktion zu treffen.

Je nach den Umständen kann es aber auch vorkommen, dass sich ein Hai an der gesamten Gruppe von Tauchern orientiert. Will man verhindern, dass er sich wieder an einem Einzelindividuum orientiert, so ist es nötig - wie an anderer Stelle bereits beschrieben -, dass sich die Taucher nicht mehr als eine Körperlänge voneinander entfernt positionieren.

Man erkennt die Orientierung des Hais an der Gruppe anstelle der Einzelperson an dem größeren inneren Kreis des Tieres. Das zu erkennen setzt jedoch eine frühere Interaktion mit der betreffenden Art voraus. Doch auch hier kann als Faustregel davon ausgegangen werden, dass der Hai, der mehr als zwei eigene Körperlängen von den Personen entfernt schwimmt, sich nicht an seinem inneren Kreis aufhält, sondern die Gruppe als umfangreicheres Einzelobjekt empfindet und entsprechend eine größere Distanz dazu einhält.

ADORE-SANE in Anwendung bei mehr als einem Hai

Begegnet man im Riff einem Hai, ist er meistens nicht alleine und weitere Artgenossen halten sich in der näheren Umgebung auf. Je nach Umweltbedingungen sind sie für den Taucher allerdings oft nicht sichtbar. Befindet man sich jedoch inmitten einer Gruppe von Haien (z.B. im offenen Wasser), sollte man versuchen den „Sonderling", der sich „irgendwie anders" verhält, herauszufinden oder aber das Tier, das am nächsten ist. Das bedeutet nicht, in einer Hammerhai-Schule nach dem Tier zu suchen, das sich windet und dreht (was nichts mit der Präsenz des Tauchers zu tun hat, sondern es reflektiert ein „hai-internes" Verhalten), sondern man wählt den Hai, der sich offensichtlich am Menschen orientiert oder sich ihm gegenüber „sonderbar" verhält. Geeignet ist das Tier, das sich zum einen nicht mitten in der Gruppe befindet und zum anderen leicht erreichbar ist. Der Taucher sollte den Hai konfrontieren, der ihm am nächsten ist und mit ihm interagieren. Reagiert das Tier mit Ausweichen, wirkt sich das in den meisten Fällen auch auf die anderen Individuen der Gruppe aus.

Nutzen des Konzepts für Taucher, Schwimmer und Schnorchler

Worin liegt der eigentliche Nutzen von ADORE-SANE für den Leser? Der wichtigste Aspekt ist sicher, dass das Konzept vom „Sitzen und Warten" bei einer Haibegegnung ab sofort der Vergangenheit angehört. Die Leser, die seit zwanzig oder dreißig Jahren Haien nachstellen, kennen sicher das Gefühl, das sich jedesmal beim Beobachten eines Hais entwickelte, wenn man weder wusste, was seine Absichten waren noch wie man auf das Tier reagieren sollte. Entsprechend war eine anschließende Diskussion zur Frage „Was hast du gesehen?" meist mit einem einzigen Wort oder Satz erledigt. Man konnte nicht beschreiben, woher der Hai kam, was ihn in der Nähe bleiben ließ, wie sich sein Verhalten änderte oder was seine Schwimmrichtung war.

ADORE-SANE ermöglicht es, in einem gewissen Rahmen in die Welt der Haie einzutreten und mit ihnen zu interagieren. Daneben ermöglicht das Konzept aber auch, dass man richtig oder zumindest angemessener reagiert, wenn ein Hai auftaucht, weil man die Situation besser einschätzen kann. Wir halten allerdings für den wichtigsten Aspekt, dass man die eigentliche Interaktion mit einem Hai genießen kann und nicht auf ein „böses Erwachen" warten muss. Auch wenn das Konzept in seinen Grundzügen einfach ist, so muss dennoch hervorgehoben werden, dass es Zeit und einige Interaktionen mit Haien braucht, bis man es richtig nutzen kann. Selbst ein Anfänger wird bei seiner ersten bzw. nächsten Haibegegnung das Eine oder Andere erkennen und sogar anwenden können.

Hilfe für Fotografen

Haben Sie sich auch schon gefragt, weshalb einzelne Fotografen immer die guten Fotos oder Einstellungen machen und sich von der Masse abheben, obwohl andere am gleichen Ort und unter denselben Bedingungen die gleiche Ausrüstung benutzen?
Der Grund dafür ist, dass solche Leute in der Lage sind, bewusst oder unbewusst auf die Tiere in der entsprechenden Umwelt einzugehen. Sie können Schwimmrichtungen erkennen, Bewegungsmuster verstehen oder Verhaltensweisen analysieren. Diese Fähigkeit ermöglicht schließlich den Hai genau in dem Moment auf Zelluloid zu bannen, in dem er die Position einnimmt, die das Gefühl der Bewunderung auslöst.
ADORE-SANE als Interaktionskonzept ermöglicht bei richtiger Anwendung, dass man auch als weniger geübter Fotograf bessere Bilder von Haien machen kann.

Wann ADORE, wann SANE?

Wie bereits mehrfach angedeutet, können ADORE und SANE voneinander losgelöst betrachtet werden, oder ADORE kann reduziert angewandt und auf ein Minimum beschränkt werden (QAI). In einigen Fällen einer Haibegegnung kann eine schnelle Entscheidung für eine bestimmte Reaktion notwendig sein, andererseits gibt es Situationen, in denen man sich Zeit lassen darf.

Wir sind davon überzeugt, dass es der individuellen Entscheidung überlassen bleiben sollte, welche Teilaspekte des Konzepts wann und wie gebraucht werden. Wir verwenden ADORE-SANE nur noch selten bewusst. Nach einigen Tausend Begegnungen mit allen Großhaiarten in den verschiedensten Situationen wird das Konzept zu einer Art Sprache, die automatisiert und verinnerlicht ist. Es gibt uns eine große Befriedigung zu wissen, dass Haie versuchen mit dem ihnen unbekannten Objekt Mensch in Kontakt zu treten. Ist man zum ersten Mal in der Lage die Signale eines Hais richtig zu erfassen und zu interpretieren, wird ab dann jede Haibegegnung zum eindrucksvollen Erlebnis.

Haitauchen ist mehr als nur berauschend. Ist die anfängliche Angst und Zurückhaltung einmal verloren, kann mit Freude auf das gewartet werden, was aus dem Blau auftauchen könnte.

Offen sein für neue Verhaltensweisen

Es gibt viele Bücher zur Biologie einer Tierart oder -gruppe, so auch zu Haien, die immer wieder dieselben Verhaltensweisen beschreiben und interpretieren. In nahezu jedem Buch zur Biologie der Haie wird z.b. das agonistische Verhalten erwähnt. Es wird so häufig wiederholt, dass sich die Frage aufdrängt, ob es denn keine neuen Erkenntnisse über Verhaltensweisen gibt, die ebenfalls beschreibenswert wären. Es gibt sie natürlich, doch finden sie meistens leider nicht den Weg in die Populärliteratur. Die Gründe dafür sind vielschichtig. Das Wissen über das Verhalten der bekannten Haiarten, verglichen mit Vertretern anderer Tiergruppen, ist doch eher gering.

Die Kenntnisstand über Weiße Haie scheint groß zu sein, aber wenn man sich lediglich mit deren Verhalten auseinandersetzt, hat man schnell alles gelesen, was je darüber geschrieben wurde. Auch ist das Beobachten von Weißen Haien in freier Wildbahn mit großem Aufwand verbunden und eher ungemütlich. So erstaunt es nicht, dass es mehr Informationen über die Anatomie der Tiere oder andere Aspekte gibt, die im Labor untersucht werden können. Ebenso wenig verwundert es, dass viele Wissenschaftler, die sich primär im Labor mit Fragen zu Haien auseinandersetzen, häufig ein eher veraltetes, sehr limitiertes Wissen von deren Verhalten haben. Bei Interviews mit solchen Fachleuten finden wieder nur die gängigsten Verhaltensweisen den Zugang in die Medien und keine der neueren Beobachtungen.

Es ist sehr ernüchternd, dass viele dieser Forscher noch nie wirklich mit einem Hai unter Wasser gearbeitet haben, aber dennoch vertreten sie die Meinung, relevante Aussagen zu dem Thema machen zu können. Man braucht kein Psychologe zu sein um ihre Beweggründe zu erkennen. Wie dem auch sei, die Tatsache bleibt bestehen, dass das Wissen über das Verhalten der Haie gering ist. Verglichen mit der oft komplexen Laborforschung scheint es ein leichtes zu sein einfach ins Wasser zu springen, die Tiere zu betrachten und zu filmen und dann später vor einem Monitor auszuwerten. Doch so einfach ist es leider nicht.

Um sich erfolgreich mit Tieren auseinanderzusetzen, ist es wichtig, wie man sich ihnen gegenüber fühlt. Konrad Lorenz hat dies schon sehr genau umschrieben. Notwendig ist die Liebe zu einem Tier um seine Verhaltensweisen nicht nur zu sehen, sondern auch zu verstehen. Beides ist schwierig und braucht viel Zeit, wie Nikko Tinbergen ebenfalls treffend gesagt hat. Doch auch wenn diese Wegbereiter schon frühzeitig aufzeigten, was notwendig ist um Verhalten zu verstehen, scheint das bei der Mehrzahl der Biologen nicht auf fruchtbaren Boden gefallen zu sein, vielleicht aus Gleichgültigkeit, weil sie sich nicht mehr mit dem Beobachten befassen wollen, oder aber weil das oft sehr ungemütlich und mit viel Aufwand verbunden ist. Auch wenn das ausschließliche Beobachten eines Tieres bei vielen Fachleuten eine eher abwertende Note bekommt, ist es doch immer wieder interessant zu sehen, dass gerade sie nicht in der Lage sind, dies erfolgreich durchzuführen.

Üblicherweise weiß jeder, wie eine Beobachtung abläuft. Doch bedeutet das in der Verhaltensbiologie zuzuschauen, was ein Tier macht und dieses Verhalten dann zu beschreiben? Diese Formulierung ist sicherlich zu einfach. Beobachten ist eine Technik, die man nicht von heute auf morgen erlernen kann und umfasst eine Schulung, die viele verschiedene Elemente in sich vereinigt.

Im ersten Teil von ADORE haben wir die Körperhaltung von Haien beschrieben und dabei angedeutet, dass es viele Jahre dauert, bis man sie so versteht, dass man sie aus einem Gefühl heraus beschreiben kann. Das setzt die Kenntnis von der Nulllinie oder dem „normalen" Verhalten voraus, an dem man das neu Gesehene misst. Wir können hier nicht die verschiedenen Aspekte des Beobachtens ausführlich beschreiben, doch sind einige Grundzüge erwähnenswert und hilfreich. Selbstverständlich gilt das Folgende nicht ausschließlich für Haie, doch sollte man sich immer vor Augen halten, dass für andere Tiere auch andere Kriterien gelten können, so z.B. allein schon die Tatsache der verschiedenen Beobachtungstechniken, etwa mit einem Fernrohr oder durch die Taucherbrille.

Erkennen und Beschreiben der Körpersprache

Wir werden nun vertieft auf die Problematik der Verhaltensbeschreibung eingehen. Zunächst stellt sich die inhaltliche Frage nach der Begriffsdefinition von „Verhalten". Ist damit die Körpersprache eines Tieres, seine Haltung, seine Bewegung oder seine eigentliche Verhaltensweise in einer bestimmten Situation gemeint? Unabhängig davon, was man letztendlich beschreiben möchte, stellen sich für alle diese Begriffe häufig dieselben Probleme ein. Wir möchten zwei von ihnen hervorheben, um die Problematik zu verdeutlichen: Körperhaltung und -bewegung. Beides sind wichtige Aspekte der Körpersprache der Haie, einem der Kernstücke von ADORE-SANE. Im täglichen Gebrauch wird Körperhaltung eher als statischer Momentzustand gesehen, Körperbewegung im Gegensatz dazu als dynamisch. Beide Aspekte des Verhaltens beeinflussen sich gegenseitig.

Unabhängig von der eigenen Sichtweise der Haie wird man beide Begriffe meistens vermischen und schließlich kaum wissen, welchen man beschreibt. Obwohl Körperhaltung und -bewegung mit Hilfe der Faktoren Zeit und Bewegung unterschieden werden können, ist eine weitere Definition nicht einfach. Auch wenn man die beiden Begriffe voneinander abgrenzen und sogar beschreiben kann, muss man sich fragen, womit man sie vergleichen will, um eine einleuchtende, sinnvolle Erklärung zu formulieren. Will man den eigentlichen Unterschied beschreiben oder will man Körperhaltung und -bewegung von anderen Tieren derselben oder einer weiteren Art miteinander vergleichen?

Dies sind nur einige Ansatzpunkte, wie man Körperhaltung und -bewegung erfassen könnte um eine gewisse Vollständigkeit zu erhalten. Weiterhin muss man sich fragen, welche Kriterien erfasst werden müssen und wie deren Abhängigkeit voneinander ist. Erschwerend ist auch der Umstand, dass die Körpersprache eines Tieres nicht durch die Präsenz des Beobachters beeinflusst werden darf und man sich entsprechend verstecken, tarnen oder in großer Entfernung aufhalten muss. Dies kann einerseits Probleme bei der Interpretation der Beobachtung verhindern, andererseits aber auch welche auslösen, weil man vielleicht zu weit entfernt ist um gewisse Kriterien umfassend beschreiben zu können. Doch selbst wenn man alle Schwierigkeiten in den Griff bekommt, bleibt immer noch ein grundsätzliches Problem: Wenn man keine Erfahrung mit den zu beobachtenden Tieren hat, ist das Verständnis ihrer Körpersprache nahezu unmöglich.

Ein „Tierforscher", der gelernt hat Tiere zu beobachten, kann sein Wissen leider nicht auf alle Arten übertragen. Auch wenn man noch so viele Erfahrungen gesammelt hat, hilft das nur wenig, wenn es darum geht, neue Tiergruppen zu „erfassen". Selbstverständlich hat ein geübter Feldbiologe einen, wenn auch nur geringen Vorteil gegenüber jemandem, der die meiste Zeit im Labor verbringt. Eine Schwierigkeit besteht darin, dass man ohne ausreichende Erfahrung im Umgang mit einer Tiergruppe nicht in der Lage ist, ein neu beobachtetes Verhalten als solches zu erkennen. Es fehlt ein Vergleich, wenn man etwa bei einem Tier ein scheinbar außergewöhnliches Verhalten sieht. „Außergewöhnlich" ist es aber nur für den unerfahrenen Beobachter und nicht für jemanden, der sich täglich mit diesem Tier befasst.

Diese wenigen Überlegungen zeigen andeutungsweise die Schwierigkeiten die Körperhaltung oder -bewegung eines Tieres zu beschreiben. Leider ist die Fähigkeit zur Verhaltensbeschreibung mehr und mehr in den Hintergrund gerückt. Wir messen ihr große Bedeutung zu für das Verständnis der Biologie einer Tierart oder -gruppe. Was nützen die besten Herleitungen und Versuche, wenn die unspektakulären Grundzüge vom Verhalten eines Tieres nicht bekannt sind? Bereichern nicht genau sie unser Leben? Ist es nicht faszinierend einem Hund oder einer Katze zuzuschauen, wenn das Tier sich selber überlassen ist und irgend etwas macht, das unsere Verwunderung über die Gründe auslöst? Nimmt man sich dann Zeit und schaut zu, wird dem Beobachter früher oder später klar, wer bzw. was die Bewegungsweise oder Körperhaltung beeinflusst.

Wir brauchen eine neue Generation von Forschern, die in die Fußstapfen von Tinbergen und Lorenz tritt, damit der Reichtum der Natur, alle ihre Bewegungen und Körperhaltungen, nicht verloren geht, sondern aufgeschrieben, verglichen und dem interessierten Beobachter nähergebracht wird.

Unfälle mit Haien

Unfälle mit Haien sind äußerst selten und stellen für einen Taucher, mit den ganz wenigen Ausnahmen, die aus einer provozierenden Situation entstehen, kein Problem dar. Aus Gründen der Vollständigkeit möchten wir das Thema Haiunfälle hier kurz behandeln. Dabei handelt es sich um die Situation, in der ein Hai gegenüber einem Taucher, Schwimmer oder Schnorchler aufdringlich wird und beginnt, nach dem Arm, dem Bein oder auch nur der Kamera zu schnappen. Befindet man sich in solch einer Lage, darf man unter keinen Umständen(!) versuchen den Hai zu schlagen. Dennoch hört man immer wieder gegenteilige Empfehlungen.

Es ist jedoch naheliegend, dass die Aggression gegenüber einem Tier bei diesem eine ähnliche Reaktion auslösen kann, denn ein Hai, der näher kommt „weiß", dass das ihm unbekannte Objekt Mensch potentiell gefährlich sein kann. Entsprechend wird er sich so annähern, dass er sich ebenfalls wehren könnte, sollte die Situation dies erfordern.

Kommt nun ein Hai tatsächlich so nahe, dass das Tier beißen könnte, sollte man ihm seine Flosse, die Kamera oder den Schnorchel entgegenhalten. Die Betonung liegt hier auf dem Wort „halten": Man sollte den Gegenstand nicht gegen den Hai stoßen und so eine möglicherweise aggressive Reaktion erzwingen. Gerade bei der Arbeit mit Weißen Haien kann das sehr wichtig sein. Wenn sie am inneren Kreis schwimmen, reagieren sie sehr intensiv auf eine Flosse, die in ihre Richtung gedrückt wird. Die Flosse selbst löst dabei keineswegs die Reaktion aus, sondern der dadurch verursachte Wasserdruck.

Auch wenn ein Weißer Hai nicht wissen kann, was eine Flosse ist, so erkennt er doch den Wasserdruck bzw. den sich bewegenden Teil. Er wird dies mit dem Antriebssystem des ihm unbekannten Objektes in Verbindung bringen und sich daran orientieren. Ich hatte bereits einige Weiße Haie an meinen Flossen und mehrfach folgendes erlebt: Sobald ich sie benutzte und Wasser in die Richtung des Tiers stieß, versuchte der Hai beim nächsten Vorbeischwimmen danach zu schnappen.

Haie orientieren sich immer an der ihnen zugewandten nächsten Struktur. Sollten sie tatsächlich versuchen zu beißen, wird ein Biss zuerst diese Struktur betreffen. Ein Biss in die Flossen kann vom Empfinden her unangenehm sein, wird aber keine ernsthaften Konsequenzen für den Taucher haben. Eine Flosse suggeriert einem Hai keine Nahrung und er wird nach einem ersten Versuch mit großer Sicherheit davon ablassen.

Im Gegensatz dazu besteht auch die Möglichkeit, dass ein Hai so an den Taucher heranschwimmt, dass er das Tier nicht „abwehren" kann. Dann sollte man versuchen, den Hai mit der Hand an der Schnauze zu berühren und an sich vorbei zu leiten (Abbildung 24). Diese Methode erscheint riskant, wurde von uns aber schon häufig erfolgreich angewendet. Gerade bei Bullenhaien, einer Art, die sehr nahe kommen kann und häufig in Unfälle mit Menschen verwickelt ist, ist diese Methode wirklich zuverlässig.

Eine weitere Technik zur Abwehr eines aufdringlichen Hais ist das Wasserdrücken. Dabei wird mit der Hand und nicht mit der Flosse Wasser gegen den Kopf des Tieres gedrückt. Der Unterschied liegt im geringeren Druck und auch darin, dass der Hai eine Hand wahrscheinlich nicht als Antriebsorgan sieht. Wasserdrücken ist gerade bei Riffhaien eine wirksame Methode.

Außerdem gibt es selbstverständlich auch noch die passivste Methode von allen, das Nichtstun. Man lässt den Hai seine Grenzen ausloten, was fatalistisch erscheinen mag. Doch im allgemeinen stoßen Haie unbekannte Objekte nur deshalb mit der Schnauze an, damit sie eine bessere Vorstellung von deren Struktur bekommen. Da dem Tier weder die Haut eines Menschen noch Neopren bekannt sind, wird es sich in den meisten Fällen zurückziehen (dieses Anstoßen wurde früher und teilweise auch heute noch als „bumping" umschrieben und fälschlicherweise als Haiangriff eingestuft).

Mit sehr großer Wahrscheinlichkeit wird ein Hai - auch ein Weißer oder ein Bullenhai - einem Taucher nie so nahe kommen, dass er sich wehren muss. Sollte es trotzdem geschehen, muss man unbedingt berücksichtigen, dass eine provokante Reaktion des Menschen eine solche auch beim Hai auslösen kann.

Wenn nun entgegen aller Wahrscheinlichkeit trotzdem einmal ein Taucher in eine Situation kommt, in der ein Biss nicht vermeidbar ist, sollte er versuchen dem Hai mit der Hand bzw. einem Gegenstand in die Kiemenregion oder in die Augen zu drücken. Das Tier wird ablassen, wenn es sich, wie in nahezu allen Fällen, die wir untersucht haben - um einen „Auskundschaftsbiss" (Gaumenbiss) handelt. Die äußerst geringe Zahl solcher Unfälle lässt sich nur mit ganz bestimmten Umständen begründen, die Voraussetzung sind für eine so weite Erniedrigung der Hemmschwelle einzelner Individuen, dass diese sich trauen das unbekannte Objekt zu berühren oder sogar zu beißen.

Ein Schlusswort zu den Tieren

Viele Aspekte des Verhaltens von Haien werden noch jahrelang im Verborgenen bleiben und einige wohl nie ganz verstanden werden. Doch unabhängig davon, ob wir Haie verstehen oder nicht: Vergessen wir nie, es ist ein großes Privileg mit diesen Tieren interagieren zu dürfen! Haie mögen eine äußere Erscheinung haben, die bei den Menschen Angst und Panik auslöst und viele zögen eine Ausrottung der Tiere vor. Doch das muss mit aller Kraft verhindert werden, denn Haie haben eine wichtige Funktion im marinen Ökosystem. Deswegen dürfen sie auf keinen Fall weiterhin verfolgt und abgeschlachtet werden. Um dies zu erreichen müssen wir den Umgang mit ihnen erlernen und auch lernen unsere Angst vor ihnen zu verstehen. Gleichzeitig sollten wir einsehen, dass man Haie nicht ein-

Über die Körpersprache von Haien

fach nur aus Furcht oder Unverständnis eliminieren darf und weil man sich distanziert. Angst ist kein guter Ratgeber und sie wird nicht nur deshalb verschwinden, weil wir die Hai als die Verkörperung dieser Angst ausrotten.

ADORE-SANE bietet Tauchern, Schwimmern, Schnorchlern und anderen Wassersport-Enthusiasten die Möglichkeit, als Werkzeug zum ersten Mal ein Konzept zu erhalten, mit dem man Haie in ihren Grundzügen versteht. Es erlaubt uns einerseits zu verstehen, dass diese Tiere, so wie auch andere, vor denen man Angst hat, keine uns Menschen angreifende Monster darstellen und andererseits, dass wir in ihr Medium, in ihre Umgebung, in ihre Welt eintreten. Sie versuchen lediglich mit ihren Möglichkeiten uns kennen zu lernen, auszukundschaften und zu verstehen.

Wenn diese scheinbar primitiven Tiere (ein Ausdruck, der im Zusammenhang mit Haien keine Berechtigung hat) von der Natur einen „Mechanismus" erhalten haben Neues und Unbekanntes auszukundschaften, sollten auch wir Menschen mit unserer Intelligenz es ihnen gleich tun können, uns öffnen und in eine solche Begegnung ohne Angst gehen. Haie sind wunderbare Geschöpfe, die sehr viel ausdrücken können, wenn wir uns die Zeit nehmen sie verstehen zu lernen. Als Erstes wird man feststellen, dass sie etwas nicht tun, was so viele Menschen immer noch annehmen: uns beißen.

Die Zeit ist reif um zu lernen, mit Haien zu interagieren und sie zu schützen. Wir sollten allmählich erwachsen genug sein um unsere Möglichkeiten zu nutzen, einer Sache auf den Grund zu gehen, auch wenn wir etwas nicht verstehen oder davor Angst haben. Die Zeit ist reif um zu verhindern, dass wir im Hai einen Sündenbock suchen und ihn für unsere Unfähigkeit Ängste zu überwinden verantwortlich machen. Der erste Schritt dazu lautet: Hineinspringen ins Wasser und Genießen!

ADORE-SANE Konzept in Anwendung

Wir haben bei der Erklärung der Grundidee dieses Konzepts einige Male zum besseren Verständnis auf die Beispiele am Ende des Buches hingewiesen. Die folgenden Abschnitte liefern nun eine generelle Vorstellung, wie man ADORE-SANE nutzen kann. Dabei wird bewusst nicht die Kurzform QAI angewendet um zu zeigen, wie aussagekräftig jede Situation mit einem Hai sein kann. (Wir möchten auch auf die Bildbeschreibungen im Mittelteil des Buches hinweisen. Die Abbildungen sollen Zusammenhänge verdeutlichen, die man wahrscheinlich auf Anhieb nicht gesehen hätte.)

Inhaltlich überschneiden sich die Beispiele zwar, aber die Betrachtung jeder einzelnen Situation, unabhängig voneinander, ist uns wichtig(er), auch wenn manches sich wiederholt. Entscheidend ist die jeweilige Ausgangslage, die die Situation einleitet und ihren Verlauf bestimmen kann.

Ein Tauchgang im Riff

Man taucht zwischen zwei Riffen und sieht plötzlich einen Hai auf der anderen Seite. Im selben Moment realisiert man, dass das gleichzeitige Passieren von Taucher und Hai wegen der Enge nicht möglich sein wird. Auch wenn eine solche Situation in den meisten Fällen nicht gefährlich wird, kann man dennoch gelegentlich falsch handeln, die Nerven verlieren - und die Situation gerät außer Kontrolle.

Was ist also zu tun? Das Erste, was der Taucher wahrscheinlich realisieren bzw. ihm Angst machen wird ist, dass der Hai ihm viel zu nahe kommt, sollten beide ihre Schwimmrichtung beibehalten. Eine Lösung wäre also sicherlich zurückzuschwimmen und zu warten, bis der Hai die Passage verlassen hat. Das kann allerdings der ursprünglichen Tauchgangplanung entgegenstehen, möglicherweise hat man auch nicht genug Luft in der Flasche um eventuell gegen eine Strömung zu schwimmen und dann noch unbestimmte Zeit zu warten.

Als weitere Lösung bietet sich an, dass man nicht weiter vorwärts schwimmt, sondern sich an einer Koralle festhält, das weitere Verhalten des Hais abwartet und die Situation dann neu beurteilt. (Wir wissen, Korallen soll man grundsätzlich nicht berühren, doch in einer solchen Situation kann es vorkommen, dass man das kleinere Übel gegen das möglicherweise größere eintauscht.)

Die dritte Möglichkeit wäre, in dieser Situation seine Schwimmrichtung weiter beizubehalten, wohl wissend, dass das Verhalten des Hais dadurch beeinflusst wird. Die zuletzt genannte Möglichkeit wäre in der Situation sicher die Beste. Der Hai ist in Sichtweite, die Ausgangslage von beiden Seiten erkannt und der Taucher kann sich auf das Tier konzentrieren. Der erste Aspekt, der vom Taucher zu analysieren wäre, ist sein räumlicher Bezug zum Hai. Befindet dieser sich oberhalb des Tauchers, ist die Lage entspannt, denn der Hai wird versuchen weiter aufwärts zu schwimmen um ihn so zu passieren.

Sollte sich das Tier auf gleicher Höhe wie der Taucher befinden, muss man sich mit der Schwimmrichtung des Hais befassen. Schon der kleinste Positionswechsel des Tauchers kann die Situation verändern: Wenn das Tier keine Anzeichen macht seine Schwimmrichtung anzupassen, ist der Versuch angebracht tiefer zu tauchen um dem Tier eine „Fluchtmöglichkeit" nach oben zu geben. Ist das nicht möglich, sollte mit einem Ausweichversuch auf die Richtung des Hais reagiert werden, während man weiterhin die generelle Schwimmrichtung beibehält.

Orientiert sich statt dessen der Hai am Taucher, wird man seine eigene Bewegung verlangsamen, zwei bis drei Körperlängen vor dem Hai stoppen und ihn so seine eigenen Grenzen (innerer Kreis) ausloten lassen. Spätestens jetzt wird der Hai reagieren. Das Wichtigste an dieser Situation ist der Versuch, das Tier nicht in die Enge zu treiben und ihm die Chance zum Ausweichen zu geben.

Aufgestiegen und abgetrieben

Nach dem regulären Aufstieg am Ende eines Tauchgangs treibt man unvorhergesehen an der Wasseroberfläche ab. Der Divemaster oder Kapitän reagieren zwar darauf, doch wird es noch einige Zeit dauern, bis der Anker gelichtet und das Boot zur Stelle ist. Derweil wird man von einem oder mehreren Haien „belästigt".

In der Situation sollte man berücksichtigen, dass Haie Menschen nicht umkreisen, weil sie zubeißen möchten, sondern weil sie mit ihrem Seitenlinienorgan das ihnen Unbekannte, in diesem Fall den Taucher, näher untersuchen wollen. Das bedeutet nun nicht, dass es nie zu einem späteren Gaumenbiss kommen könnte, doch wäre es die absolute Ausnahme.

Wenn Haie kreisen, sollte man sich in erster Linie ruhig verhalten, die Beine nicht(!) bewegen, sondern hängen lassen und die Situation beobachten. Dann wählt man aus der Gruppe einen Hai aus und konzentriert sich auf dieses Tier. Bevorzugt wählt man den Hai, der sich entweder „sonderbar" verhält, aber distanzmäßig nicht am nächsten ist, oder wenn kein Individuum ein auffälliges Verhalten zeigt, denjenigen, der am nächsten ist.

Wichtig ist, das gewählte Tier im Auge zu behalten, was meistens mit einer Drehung um die eigene Achse verbunden ist. Dabei achtet man auf die einzelnen Verhaltensweisen, die wir in den vorigen Kapiteln beschrieben haben. Sollte der Hai nun engere Kreise ziehen und näher als zwei Körperlängen kommen, ist es angebracht, dass man mit dem Tier aktiv zu interagieren beginnt und darauf zuschwimmt. Die anderen Haie sollte man dabei nicht aus den Augen lassen, eine Interaktion mit ihnen aber ignorieren.

Falls sich ein weiteres Tier aus der Gruppe „auffällig" verhalten sollte und näher kommt, versteht es sich von selbst, dass man darauf während dieser Interaktion mit dem ausgewählten Hai reagiert, indem man seine Aufmerksamkeit auf dieses Individuum verlagert. Unsere Erfahrungen zeigen, dass die anderen Haie in der Nähe, die zur Gruppe gehören, meistens ebenfalls eine Reaktion zeigen, wenn eine solche von dem Hai ausgeht, der dem Taucher am nächsten ist. Ist das Boot endlich angekommen, darf man nicht direkt an, sondern unterhalb der Wasseroberfläche darauf zuschwimmen, damit man die Haie weiter beobachten kann. Ein Auftauchen sollte dementsprechend direkt unter dem Boot an der Plattform oder Leiter erfolgen. Ein erfahrener Kapitän wird die Situation richtig einschätzen und realisieren, dass der Taucher einen solchen Rückweg ans Boot wählen wird. Deshalb wird er es nicht bewegen, sondern lediglich die Position halten.

Befindet sich ein Taucher beim Aufstieg bereits unterhalb des Bootes, ist es ratsam die endgültige Aufstiegsposition so zu verändern, dass man den Bootsrumpf über sich hat. Das verringert den Kontrast für einen Hai, falls er wirklich Interesse am Taucher zeigt. Der eigentliche Ausstieg wird dann am Bootsrumpf entlang geschehen, an dem man sich vorwärts tasten kann, wobei man den oder die Haie im Auge behält. Ist die Plattform oder Leiter erreicht, sollte nach Möglichkeit das Wasser mit der gesamten Ausrüstung verlassen werden.

Begegnung im freien Wasser

Viele Taucher sind schon im Freiwasser auf- oder abgetaucht und befinden sich in einer Situation, in der weder der Boden sichtbar, noch die Oberfläche in Kürze erreichbar gewesen wäre und dann taucht ein Hai auf. Auch im Freiwasser sind für Haie keine räumlichen Bezugspunkte vorhanden, außer vielleicht die relative Distanz zur Oberfläche. Daher ist die Wahrscheinlichkeit groß, dass das Tier den oder die Taucher als Bezugspunkt nimmt - aus welchem Grund auch immer. Sieht man nun den Hai näherkommen, überprüft man zuerst, ob er bereits die äußere Schwelle erreicht hat und seine Schwimmrichtung eine Anpassung an den oder die Taucher darstellt. Danach stellt man fest, auf welcher Höhe sich der Hai im Verhältnis zum Taucher befindet. Schwimmt das Tier während der Auftauchphase oberhalb des Menschen, muss der Aufstieg verlangsamt werden um den Hai vorbeiziehen zu lassen.

Hat man nicht mehr genug Luft und/oder erweckt es den Eindruck, als ob der Hai mehr oder weniger direkt auf den Taucher zukommt (Anpassungswinkel), sollte man ihn direkt anschwimmen (auftauchen). Auf diese Weise „stört" man den inneren Kreis des Hais und zwingt ihn zu einer Reaktion. Zeigt er daraufhin einen größeren Anpassungswinkel, kann man den Aufstieg fortführen und dabei das Tier im Auge behalten.

Steigt man auf und der Hai ändert plötzlich seine Schwimmrichtung, indem er sich nun von unten dem Taucher nähert, lässt man sich wieder absinken und wartet in vertikaler Position auf gleicher Höhe. Spätestens dann wird der Hai eine erneute Anpassung an die Situation zeigen.

Über die Körpersprache von Haien

Ein Hai kommt selten allein

Die meisten Menschen, die schon mit Haien getaucht sind, wissen, oftmals ist mehr als ein Tier vor Ort. Haie sind häufig nicht die so gern in der Literatur beschriebenen Einzelgänger, sondern durchaus Tiere mit sozialen Aspekten - dies gilt auch für den Weißen Hai. Daher kann es geschehen, dass man einen Hai sieht, sich auf diesen konzentriert und mit ihm interagiert, während schon ein zweiter oder dritter sich wesentlich näher zur eigenen Position befinden. Davon nichts ahnend, wird man nur mit dem einen Tier interagieren. Auf dessen Reaktion wird vielleicht ein Rückzug folgen, was sich auch auf das Verhalten der anderen Tiere auswirkt, auch wenn sie „nicht sichtbar" sind.

Bei einer Begegnung mit mehreren Haien sind einige Aspekte jedoch gegeneinander abzuwägen: Haben die Tiere eine Distanz erreicht, die dem äußeren Kreis entspricht, sollte man diejenigen beobachten, die eine generelle Schwimmrichtung zum Taucher hin zeigen. Hat man sie ermittelt, konzentriert man sich anschließend auf die Haie, die auf gleicher Höhe oder unterhalb des Tauchers schwimmen. Um die Anzahl der Tiere, die man im Auge behalten muss, weiter zu reduzieren, lässt man sich absinken, bis man die Haie über sich hat, die vorher auf gleicher Höhe schwammen. Die Haie, die man nun vor sich sieht, sind diejenigen, mit denen man sich näher auseinandersetzen muß.

Dann stellt man fest, welche Tiere in einem Winkel von mehr oder weniger 30 Grad zur Position des Tauchers schwimmen. Meistens sind dies nicht mehr als ein oder zwei Individuen. Bei der Interaktion mit ihnen gibt es zwei Möglichkeiten: Entweder man verhält sich passiv, bewegt sich also nicht und lässt den oder die Haie die Situation entwickeln. Oder man schwimmt direkt auf sie zu, wobei eine Schwimmrichtung gewählt werden sollte, die auf möglichst viele der anwesenden Individuen, mit denen man interagiert, zuführen würde.

Dabei kann häufig beobachtet werden, dass nicht das Tier, das dem Taucher am nächsten ist, eine Reaktion zeigt, sondern der Hai, der die höchste „Hemmschwelle" besitzt.

Kreisen eines Hais

Man treibt an der Wasseroberfläche und sieht die berüchtigte Rückenflosse durch das Wasser schneiden. Der Hai kommt näher und beginnt den oder die Taucher bzw. Schwimmer zu umkreisen. Als Wichtigstes muss man sich dann in Erinnerung rufen, dass das Kreisen eines Hais kein(!) Vorspiel zu einem späteren Beißen darstellt, wie es früher oftmals falsch beschrieben wurde.

Ist man zu zweit im Wasser, sollte man in der Situation zuerst ungefähr eine Körperlänge Abstand zwischen sich und den Partner bringen. Dann müssen beide in eine vertikale Position gehen und den Hai nicht aus den Augen lassen. Durch die getrennte Anordnung scheinen die zwei Menschen für den Hai eine größere Einheit darzustellen. Das Tier wird nicht mehr an seiner inneren Schwelle kreisen, sondern einen etwas größeren Kreis um die beiden Personen ziehen. Befindet sich nur eine Person im Wasser, wird der Schwimmradius des Hais seinem inneren Kreis entsprechen. Unabhängig davon, ob man zu zweit oder alleine ist, sollte man sich in der Situation ruhig verhalten, abwarten und die Bewegungen der Flossen auf ein Minimum reduzieren. Der Hai wird beim Kreisen nicht näher kommen und dann zubeißen, auch wenn dies oft in einschlägigen Beschreibungen zu lesen ist.

Macht der Hai mehr als zwei bis drei volle Kreise um den bzw. die Personen und ist das Tauchboot oder eine Ausstiegsstelle zu weit entfernt, gibt es grundsätzlich drei Möglichkeiten, die man gegeneinander abwägen sollte. Hat man noch genügend Luft in der Flasche und keine Probleme mit der Dekompression, so ist es angebracht, wieder abzutauchen. Man wartet dann zwischen fünf und zehn Metern unter der Wasseroberfläche ab, bis der Hai sich entfernt. Kann man aus seiner Position heraus den Hai über sich nicht sehen, taucht man noch etwas tiefer um die Oberfläche besser absuchen zu können (Snellsches Fenster). Bevor man abtaucht, ist es ratsam, dass man mit dem Kompass die Richtung zum Boot oder zur Ausstiegsstelle festgelegt hat, um unter Wasser dorthin zu schwimmen. Der Aufstieg sollte direkt unter dem Boot oder der Ausstiegsstelle erfolgen.

Hat man nicht genügend Luft in der Flasche und der Hai kreist weiterhin, sollte man das Tier direkt anschwimmen. Dies kann auf zweierlei Weise geschehen: Entweder man schwimmt direkt auf den Hai zu oder man versucht ihn „abzufangen". Das „Abfangen" bietet den Vorteil, dass man nicht frontal (kleinste Silhouette) auf das Tier zuschwimmt, sondern in einem Winkel. So erscheint man dem Hai größer. Bei der Annäherung muss auf die Brustflossenstellung, den Schwanzschlag, die Schwanzauslenkung sowie Augenrollen und Kopfdrehen des Tieres geachtet werden. Reagiert der Hai früher als es die innere Schwelle erwarten lassen würde, ist dies ein deutlicher Hinweis darauf, dass das Tier, unabhängig von seiner ursprünglichen Schwimmweise, zurückhaltend ist. Sobald der Hai eine Richtungsänderung vorgenommen hat, kann das Anschwimmen gestoppt und wieder eine vertikale Position eingenommen werden. Sollte das Tier sich daraufhin nicht zurückziehen, ist der Vorgang zu wiederholen. Bringt auch der zweite Versuch kein Erfolg, muss es aktiv verfolgt werden.

Wichtig an einer aktiven Verfolgung ist, dass man, falls möglich, über dem Hai schwimmt um ihm eine schlechte Ortungsmöglichkeit zu bieten und ihn somit in eine Stresssituation zu bringen. Stress wird von Haien nur dann mit Beißen beantwortet, wenn ihre Fluchtmöglichkeiten eingeschränkt sind, was im offenen Wasser nicht der Fall ist. Kann sich der Taucher nicht über dem Hai positionieren, da das Tier etwa direkt unter der Oberfläche schwimmt, sollte es von unten angeschwommen werden.

Über die Körpersprache von Haien

Die dritte Möglichkeit, sich aus einer Situation mit einem kreisenden Hai zu befreien, besteht darin, dass man das Tier die Situation „beenden" lässt und es lediglich beobachtet. Da der Hai die Lage „heraufbeschwört" hat, gab es für ihn einen auslösenden Grund. Der Taucher oder Schwimmer nimmt hier eine passive Rolle ein.

Haie wissen nicht, was Menschen sind und haben keine Möglichkeit uns zu „verstehen". Entsprechend orientieren sie sich vermehrt an den Dingen, die sie scheinbar erkennen können. Das bezieht sich meist nicht auf die Struktur, sondern auf die Bewegung. Bei einem Taucher oder Schwimmer bewegen sich normalerweise die Beine oder die Flossen am stärksten. Je ruhiger man sie hängen lässt, desto weniger wird dieser Reiz für einen Hai interessant sein.

Der „aggressive" Hai

Sollte jetzt jemand wirklich noch glauben, es gäbe den „aggressiven" Hai, hat er oder sie eine der wesentlichen Aussagen dieses Buchs verpasst!
Eine Situation mit einem „aggressiven" Hai kann von uns demnach nicht beschrieben werden, weil niemand auch nach mehreren Tausend Begegnungen mit den verschiedensten Arten und unter den heikelsten Bedingungen je einen solchen gesehen hat. Sollte sich ein Taucher dennoch in einer Situation wiederfinden, in der er glaubt einen „aggressiven" Hai vor sich zu haben, gibt es nur ein richtiges

Verhalten, nämlich auf den Hai zuschwimmen. Spätestens dann wird er feststellen, dass der scheinbar aggressive Hai andere Absichten hatte. Vielleicht wird man sich dann eingestehen, wie falsch der erste Eindruck von dem Tier war.

Begegnung in der Dämmerung

Für einen Taucher ist es sicherlich eine unangenehme Situation, wenn man einem Hai in der Dämmerung oder bei Dunkelheit begegnet. Das ist so, weil wir Menschen einerseits in der Dämmerung schlecht sehen, andererseits auch, weil die Dunkelheit uns oft Dinge wahrnehmen lässt, die gar nicht vorhanden sind.

Bevor ich begonnen habe über das Verhalten von Haien in der Dämmerung zu lehren, machte ich einige Versuche zu diesem Thema. Ich ging entweder in den Abendstunden und nachts ohne Lampe Freitauchen oder ich habe Haie angelockt und mich dann mit einer Tauchflasche auf den Grund gelegt und gewartet. Es ist faszinierend, wie viele Dinge man sehen kann, wenn es dämmert oder bereits Nacht ist, sofern man sich Zeit nimmt und die Ruhe bewahrt. Dabei darf man sich keinesfalls auf seine Lampe verlassen, falls man eine solche dabei hat. Wenn man sie benutzt, ist es wenig sinnvoll sie direkt auf einen Hai zu richten, da er sich dann garantiert anders verhält, andererseits wird man die nähere Umgebung des Tieres nicht wahrnehmen können.

Vielmehr sollte man grundsätzlich eine Richtung mit der Lampe einhalten und neben den eigentlichen Lichtstrahl schauen um die Haie zu sehen. Ist es noch nicht ganz dunkel, kann das Tauchen ohne jegliches künstliches Licht von Vorteil sein. Weiter sollte man, falls man glaubt etwas zu sehen, leicht neben(!) dieses Objekt schauen um die eigene Kontrastfähigkeit zu erhöhen. Das ermöglicht die optimale Ausnutzung der Sehfähigkeit. Interagiert man bereits mit Haien, die jedoch nur noch schemenhaft wahrnehmbar sind, während man sich weit entfernt vom Boot bzw. von der Ausstiegsstelle befindet, ist der Versuch empfehlenswert auf die Tiere zuzuschwimmen, wenn die Situation unangenehm erscheint. Dabei sollten sich die Haie in der generellen Schwimmrichtung des Tauchers befinden. Sind die Tiere verstreut oder weist ihr Schwimmmuster eine uneinheitliche Tendenz auf, kann man seinen geplanten Tauchgang weiterführen. Man führt dann mit der Lampe kreisende Bewegungen vor sich aus um entgegenkommende Haie frühzeitig zu erkennen.

Nähert sich nun ein entgegenkommender Hai bis zu seinem inneren Kreis, richtet man die Lampe am besten direkt auf seine Augen. Dadurch wird er nicht in seiner Orientierung gestört, es kommt aber zu einer temporären Blendung, da bei Dämmerung und in der Nacht das bereits erwähnte „Tapetum lucidum" - die lichtintensivierende Struktur im Auge - die Sehfähigkeit verstärkt.

Beim Aufstieg schließlich vermeidet man ein Anleuchten des Tauchpartners oder des Bootes, da beides den Kontrast für den Hai erhöht. Es soll nicht der Eindruck erweckt werden, wir könnten Haie überlisten, indem wir sie temporär blenden oder den Kontrast reduzieren. Sie nehmen auch in solchen Situationen unsere Position genau wahr. Eine Reduzierung des Sichtkontakts stellt allerdings immer, auch bei Tageslicht, einen Vorteil dar.

Unbewusste Blockierung des Fluchtwegs eines Hais

Gelegentlich taucht man im Riff und schneidet dabei unbewusst einem Hai den Weg ab oder blockiert seinen Fluchtweg. Realisiert man dann, dass der Hai am Riff „klebt", muß die eigene Vorwärtsbewegung sofort gestoppt werden und man sollte sich unmittelbar zurückziehen. Ein direkter Aufstieg ist nicht empfehlenswert, weil er eventuell verhindert, dass das Tier sich aus der Situation befreien kann, da Haie persönliche Distanzen besitzen. Die einzig sinnvolle Möglichkeit besteht nun im Rückzug in dieselbe Richtung, aus der man kam. Dabei sollte man auf dem Rücken schwimmen und den Hai im Blickfeld behalten.

Steilwandtauchen und Hai(e)

Taucht man an einer Steilwand, wird man bei richtiger Planung des Tauchgangs meistens mit der Strömung daran entlang treiben. Dort finden sich oft auch Haie ein, weil sie aufgrund der Strömung eine erhöhte Futterdichte finden. Grundsätzlich sollte man jedoch verhindern, dass Haie zwischen Wand und Taucher gedrängt werden. Das geschieht, wenn der äußere Kreis eindeutig erreicht ist und das Tier unmittelbar an der Steilwand entlang schwimmt. Häufig taucht man auch direkt auf der Riffkante, schaut an der Wand herunter und sieht, dass Haie wesentlich tiefer patrouillieren. Dann sollte zum einen die Richtung, in der die Tiere schwimmen, festgestellt werden und zum anderen, ob man sich in der Nähe des äußeren Kreises (entspricht in Wirklichkeit ja einer Kugel) befindet oder nicht. In den meisten Fällen sind die Haie zu tief und zu weit von der Wand entfernt, als dass man sie durch die eigene Präsenz irritieren könnte.

Gelegentlich tauchen Großhaie aus dem blauen Freiwasser auf und kommen relativ nahe an die Taucher heran. Dann ist es empfehlenswert jede Schwimmbewegung zu stoppen, sich vertikal zu positionieren und mit der Strömung treiben zu lassen. Diese passive Haltung übergibt die Situationskontrolle an den Hai und man kann ihn beobachten. Großhaie orientieren sich zumeist direkt an der Steilwand. Sie sehen Taucher lediglich als Objekt, das kurz untersucht und aus der Nähe betrachtet wird, bevor sie an der Wand entlang weiterziehen. Wer die Gelegenheit bekommt, einen Großhai sehen zu können, sollte diese Moment genießen, denn Begegnungen dieser Art sind selten.

Ein persönliches Aufruf

Das Abschlachten der Haie muss aufhören und dies kann nur geschehen, indem wir diesen Tieren mehr Verständnis entgegenbringen. Verständnis kann nur geweckt werden, wenn wir die Angst vor diesen Tieren abbauen. Das wiederum kann nur dann erfolgen, wenn wir der breiten Öffentlichkeit zeigen, dass Haie lediglich unverstanden sind und bei richtiger Annäherung und Analyse ihrer Signale kein Grund zur Gefahr besteht.

Seit vielen Jahren werden Haie jährlich zu Millionen abgeschlachtet. Sei es, weil man ihre Flossen für Haiflossensuppe braucht, weil man aus ihnen Haiknorpelpulver für betrügerische Kuren herstellen möchte, oder auch nur, weil ein Hai an den Haken ging, der für einen Schwertfisch bestimmt war. Doch unabhängig, aus welchem Grund sie abgeschlachtet werden, eine Grundanschauung kommt immer zum Tragen: Haie sind es nicht wert als Lebewesen angesehen zu werden und nichts, was man mit ihnen antut, wird ernsthaft hinterfragt.

Haie werden nach wie vor als Ware der Meere gesehen und als solches unterliegen sie keinem ethischen Wert. Hier müssen wir endlich umdenken: Haie sind Lebewesen wie alle anderen auch und müssen daher eben auch mit Achtung und Respekt behandelt werden. Dass sie kein Äußeres wie ein Reh oder ein uns liebgewonnenes Haustier haben, ist nicht ihr Fehler, sondern die Natur hat sie so kreiert, und daran können wir nichts ändern.

Was wir aber ändern können, ist das Verständnis für diese Tiere zu fördern und den Hass, die Angst und Ablehnung ihnen gegenüber abzubauen. In der heutigen Zeit, wo seltene Vogel-, Reptilien- oder Säugetierarten Schutzprogramme und Aktivisten haben, die sich fast gegenseitig den Platz in den Medien streitig machen, wird das Massaker an Haien, das jährlich astronomische Zahlen erreicht, als Teil unserer Zeit akzeptiert. Doch das wird schon bald eine Katastrophe auslösen, die mit nichts mehr aufzuhalten ist. Irgendwann wird es keine Rolle mehr spielen, ob diese oder jene seltene Vogel- oder Froschart gerettet werden konnte, denn dadurch wird das ökologische Gleichgewicht kaum zum Umkippen gebracht.

Doch mit den Haien wird dies geschehen. Haie sind die häufigsten Raubtiere dieser Erde, die an der obersten Stelle aller marinen Nahrungsketten stehen. Eines Tages wird die Menschheit erwachen und einsehen, dass man der Nachwelt ein Erbe hinterlässt, das auf Angst, Ignoranz und Unfähigkeit beruhte.

Haie brauchen hier und heute eine Lobby, wie all die Tiere auch, die wir lieben, pflegen und für die wir auf die Barrikaden gehen. Doch um dies zu erreichen muss die Grundeinstellung zu diesen Tieren geändert werden. Haie sind nicht diese blutrünstigen, aggressiven und dummen Tiere, wie sie immer noch viel zu oft in den Medien portraitiert werden, sondern schüchterne, zurückhaltende und sehr intelligente Tiere.

Es muss uns gelingen diese Tiere so zu präsentieren, wie sie wirklich sind und nicht wie man sie gerne sehen möchte, um die Verkaufszahlen zu steigern. Sollte unser Generation dies nicht mehr gelingen, wird das Erbe für unsere Nachkommen traurige Ausmaße annehmen. Und ein Erfolg, der noch in greifbarer Nähe zu liegen scheint, beginnt mit Aufklärung und dem Näherbringen dieser Tiere.

Verschiedene Möglichkeiten bieten sich an, dieses Ziel zu erreichen. Doch der direkte, wohl Offensichtlichste, nämlich Regierungsbeschlüsse zu erwirken, dass diese oder jene Art nicht mehr oder nur beschränkt befischt werden darf, wird wohl kaum den gewünschten Erfolg bringen. Der Hauptgrund, weshalb uns der „Regierungsweg" als der falsche erscheint, ist die Erfahrung, dass dort meist nur dann etwas geschieht, wenn es wirtschaftlich von Bedeutung ist.

Und auch wenn man diese eine Art mehr oder weniger geschützt hat, ändert das noch lange nicht die Grundeinstellung der Menschen gegenüber diesen Tieren. Entsprechend muss man das Übel an der Wurzel packen und das tun, was am Notwendigsten ist: Aufklärung und Information auf breitester Ebene und Abbau des Hirngespinstes, das Haie gefährlich sind.

Ein wichtiges Instrument im Bestreben, Haie der Allgemeinheit näher zu bringen ist SHARKPROJECT. SHARKPROJECT ist eine internationale Haischutz-Initiative mit Sitz in Deutschland, die es Menschen aller Berufsgattungen und Interessensgebieten ermöglicht, den Haien nicht nur zu helfen, sondern auch aktiv dabei zu sein: In der Forschung, im Organisieren von Vortragsreihen, bei Diskussionsrunden etc... Jede Stimme zählt um dem gemeinsamen Ziel näher zu kommen: Dem Überleben der Haie.

Haie sind faszinierende Geschöpfe. Sie überlebten alle Stürme der Evolution. Nun stellt sich ihnen ein weiterer Sturm entgegen, dem sie kaum standhalten können, doch mit unserer Hilfe könnte es gelingen, dass sie ein weiteres Mal als Sieger hervorgehen und wieder das tun können, wozu sie von der Natur aus kreiert wurden: Die Meere im Gleichgewicht halten. Zusammen haben wir noch eine Chance.

Der Sprung ins Wasser

Bevor wir nun noch einige Sätze zu den verschiedenen Hai-Arten sagen, die wir im Buch erwähnten, wollen wir auf einige wesentliche Charakterzüge des Menschen zu sprechen kommen: seine Neugier, seine Offenheit für neue Dinge und die Motivation, dabei sich selbst zu erfahren.

Die meisten, die dieses Buch bis zum Schluss gelesen haben, möchten wahrscheinlich nun schon beim nächsten Urlaub oder einer anderen Gelegenheit versuchen, all diese Dinge zu sehen, die wir beschrieben haben. Andererseits denken vielleicht auch einige, dass wir Dinge erwähnten, die wohl eher aus der Welt der Fantasie stammen müssen. Das geschriebene Wort ist oft nicht überzeugend - aus welchen Gründen auch immer.

So besteht für Zweifler nur eine Möglichkeit herauszufinden, ob die vorgefasste Meinung bestätigt oder widerlegt wird: Selber erfahren und sich den Tieren exponieren.

Wir hatten schon oft Taucher und Schnorchler in unseren Kursen an der „Shark School" in Walker's Cay, die vorher noch nie einen Hai gesehen hatten oder „nur ganz von Weitem". Nach der ersten Theoriestunde, in der wir uns mit ADORE-SANE befassten, erzeugte diese oftmals einen skeptischen Gesichtsausdruck, und nur ein Ausprobieren schien diesen verändern zu können.

Doch Hineinspringen alleine wird nichts nützen, wenn man mit einer vorgefassten Meinung ins Wasser geht, denn dann wird man eben nur das sehen, was man aufgrund seiner vorgefassten Meinung bestätigt haben möchte (auch wenn die offensichtlichste Bestätigung, dass man eben nicht sofort gebissen oder gar gefressen wird, eintraf). Es ist schon notwendig, dass man seine Vorurteile am Ufer oder an Bord lässt und sich dem Neuen öffnet. Die Erfahrung wird gewaltig sein und wir sind uns sicher, dass jeder Zweifler seine scheinbar fundierte Argumentation über seine Ansicht zu Haien **nicht** bestätigt sehen wird. Offenheit und Motivation sind der Schlüssel für ein erfolgreiches Interagieren mit diesen faszinierenden Tieren.

„Die Körpersprache von Haien" ist nicht neu, sie existiert schon seit Millionen von Jahren. Was bisher aber unberücksichtigt blieb, ist diese Körpersprache zu erfassen und ihre Informationen, ihre Signale zu analysieren, sie zu interpretieren und entsprechende Antworten darauf zu finden.

ADORE-SANE ist eine erste Methode, die dies zu tun versucht und in einem Raum-Zeit-Gefüge betrachtet. Es gibt sicher noch viel zu tun und ADORE-SANE wird noch vielen Erweiterungen und Änderungen unterliegen, aber sie ist schon jetzt in einer ersten Phase eine Möglichkeit - was Taucher, Schwimmer und Schnorchler schon lange wollten - mit Haien in Kontakt zu treten und sie zu verstehen. Damit dies aber funktioniert, braucht es Motivation. So ermuntern wir jeden, der nun sehen möchte, was es mit ADORE-SANE auf sich hat, ins Wasser zu gleiten und die Haie zu beobachten. Wir sind uns sicher, dass bald schon äußere und innere Kreise, Augenrollen, Kopfdrehen und all die anderen Verhaltensweisen erkannt werden und ihren Weg in die Logbücher finden werden.

Über die Körpersprache von Haien

Namen- und Sachverzeichnis

A (= Appearance, engl.): Teil des ADORE-SANE Konzepts, siehe „Erscheinungsbild".

A (= Activity, engl.): Teil des ADORE-SANE Konzepts, siehe „Aktivität".

ADORE: Der erste Teil des ADORE-SANE Konzepts. Dieser Teil bezieht sich auf den Hai: jeder der fünf Buchstaben beschreibt einen Teilaspekt. A = Appearance (Erscheinungsbild), D = Direction (Richtung), O = Origin (Ursprung), R = Relation (Räumliche Beziehung), E = Environment (Umgebung).

ADORE-SANE: Akronym für das Hai-Mensch-Interaktionskonzept, wobei jeder dieser neun Großbuchstaben stellvertretend für einen Teilaspekt steht. ADORE bezieht sich auf den Hai und SANE auf den Menschen.

Aggression: Stammt von *aggredior* (lat.) und bedeutet Angehen, Angreifen. In den wenigsten Fällen wird dieses Wort richtig angewendet und wird meist fälschlicherweise dazu benutzt, ein Tier zu beschreiben, das aufdringlich erscheint.

Agonistisches Verhalten: Ein Drohverhalten (z.B. bei einem bevorstehenden Kampf). Im eigentlichen Sinn jedoch beinhaltet „agonistisch" neben einem Angriffs- auch ein Fluchtverhalten. Bei Haien wird dieses Verhalten oft mit Buckeln und dem Hinunterdrücken der Brustflossen gleichgesetzt. Die Forschung zeigt jedoch, dass in den meisten Fällen kein eigentliches Drohverhalten vorliegt, wenn diese Verhaltensweisen beim Hai gesehen werden, sondern dass der Hai lediglich versucht, Saugfische auf seinem Körper entweder loszuwerden oder diese zu animieren, sich an einem weniger sensitiven Körperteil (sensorisch und hydrodynamisch) festzusaugen. Solche Bewegungen ähneln den Bewegungen, die als Drohverhalten interpretiert werden.

Aktives Verhalten: Ein Verhalten des Menschen, das aktiv durchgeführt wird, wie z.b. das Wegschwimmen von einem Hai. Siehe auch „Passives Verhalten".

Aktivität: Teil des ADORE-SANE Konzepts. Es bezieht sich auf die Aktivität (Tauchen, Schnorcheln etc.) der Person im Moment des Erscheinens des Hais, oder wenn dieser bereits mit der Person interagiert.

Annäherungshemmschwelle: Die Distanz zu einer Person, die sich ein Hai „herantraut", bevor er beginnt abzudrehen.

Annäherungsmuster: Das Verhaltensmuster eines Hais bei Annäherung an eine Person. Entspricht dem Begriff „Anschwimmmuster".

Anpassungswinkel: Die Veränderung der Schwimmrichtung eines Hais hinsichtlich der Position eines Menschen.

Anschwimmmuster: Das Verhaltensmuster eines Hais bei Annäherung an eine Person. Entspricht dem Begriff „Annäherungsmuster".

Anthropomorphismus: Das Hineininterpretieren menschlicher Gefühle in das Verhalten eines Tieres bspw. das Tier schaut *bösartig* aus.

Arbeitshypothese: Eine Erwartung, die man durch ein Experiment bestätigt oder verworfen haben möchte.

Artspezifisches ADORE-SANE: Das erweiterte Hai-Mensch-Interaktionskonzept auf eine einzelne Haiart bezogen.

Augenrollen: Das Vor- und Zurückdrehen eines Auges, wenn dieses sich auf eine Person fixiert, ohne dass der Kopf ebenfalls mitdreht. Siehe auch „Kopfdrehen".

Augentier: Tiere, die bevorzugt die Augen benutzen, um Beute zu orten, oder sich an dieser zu orientieren.

Auskundschaftsverhalten: Das Verhalten eines Tieres, das zum Ziel hat herauszufinden, was eine Person oder ein anderes unbekanntes Objekt darstellen könnte.

Äußere Schwelle: Der erste Reaktionspunkt eines Hais bezüglich Position einer Person im Wasser. Siehe auch „Äußerer Kreis".

Äußerer Kreis: Die Distanz zu einer Person, die beim Hai eine erste Reaktion auslöst. Diese Distanz ist gleichzeitig als Radius einer Kugel zu sehen, die den Hai umgibt, wobei der Hai das Zentrum darstellt. Siehe auch „Äußere Schwelle".

Bedrohungswinkel: Der Winkel zwischen der Schwimmrichtung einer Person und derjenigen eines Hais, wobei die beiden Schwimmrichtungen gegeneinander gerichtet sind.

Bioelektrizität: Das Erzeugen von elektrischen Strömen in einem Körper durch Muskelaktivität und Ionenströme.

Biozönose: Siehe „Lebensgemeinschaft".

Blinde Region: Die Region hinter und unter einem Hai, in der eine Ortung eines Menschen mit den Sinnesorganen unmöglich ist. Siehe auch „Blinder Winkel".

Blinder Winkel: Der Winkel zwischen Schwimmrichtung einer Person und derjenigen eines Hais, in dem eine Ortung des Menschen durch die Sinnesorgane des Hais unmöglich ist. Die Person befindet sich dabei leicht hinter dem Hai (außerhalb des Sehfelds), und schwimmt in die generelle Richtung wie das Tier. Siehe auch „Blinde Region".

Brustflossenstellung: Die Position der Brustflossen bezogen auf die Körperachse des Hais.

D (= Direction, engl.): Teil des ADORE-SANE Konzepts, siehe „Richtung".

Dominanz: Die übergeordnete Position eines Hais zu einem anderen.

Drehpunkt: Der Punkt, bei dem ein Hai seine Schwimmrichtung aufgrund der Position einer Person im Wasser ändert.

E (= Environment, engl.): Teil des ADORE-SANE Konzepts, siehe „Umgebung".

E (= Experience, engl.): Teil des ADORE-SANE Konzepts, siehe „Erfahrung".

Erfahrung: Teil des ADORE-SANE Konzepts. Die Erfahrung, die ein Taucher mit Haien hat, wobei es generell drei Formen zu unterscheiden gibt: 1) Der Taucher hat Erfahrung im Umgang mit Haien, tauchte aber noch nie mit der gegenwärtigen Art; 2) der Taucher hat Erfahrung im Umgang mit dieser Art, oder 3) der Taucher hat überhaupt keine Erfahrung mit Haien.

Erscheinungsbild: Teil des ADORE-SANE Konzepts. Der erste Eindruck, den ein Hai vermittelt, wenn er sich einer Person nähert, oder wenn man das Tier zum ersten Mal im näheren Umfeld wahrnimmt.

Estuarine: Regionen, wo sich Meeresarme (Salzwasser) und Flüsse (Süßwasser) treffen. In diesen Regionen ist das Meerwasser oft weniger salzhaltig (brackig).

Fitness: Ein in der Biologie verwendeter Ausdruck, der die Überlebensstärke eines Tieres ausdrücken soll.

Flossensprache: Das Signalisieren und die Bedeutung des Gebrauchs der Flossen (vorwiegend Brust- und Schwanzflossen), um Informationen weiterzugeben.

Frontales Anschwimmen (= Frontal Checkout, engl.): Das direkte Schwimmmuster eines Hais auf eine Person zu.

Ganzkörpersignale: Signale, die von einem Tier ausgehen, wobei der gesamte Körper zum Signalisieren verwendet wird.

Gaumenbiss: siehe Testbeißen.

Gaping: siehe „Maulen".

Gähnen: Das Ausstülpen der Kiefer um diese wieder einzupassen. Wird meist unmittelbar (1 – 2 Minuten) nach einer Futteraufnahme gesehen. Dabei werden beide Kiefer relativ langsam nach vorn/ außen gestülpt und das Maul danach wieder (relativ langsam) geschlossen.

Geruchskorridor: Gerüche, die durch die Strömung eine trichterartige oder fächerartige Verbreitung erfahren.

Gesamtbild: Teil des ADORE-SANE Konzepts. Die gesamte Information, die eine Situation mit einem Hai liefert, wobei alle Umwelteinflüsse, die Verhaltensweisen der Person und der/des Tiere(s) miteinbezogen sind.

Gezeitenzone: Region des Ufers und des Untergrunds, die durch Ebbe und Flut beeinflusst wird.

Großhaiarten: Ein Begriff für alle Haiarten, die mehrere Meter lang werden können. Primär sind fleischfressenden Arten gemeint und weniger Planktonfresser wie Walhaie oder Riesenhaie.

Grubenorgane: Einzelne Sinneszellen, die über den Rücken, entlang der Seitenlinien und im unteren Kiemenbereich des Hais verteilt sind und zum mechanosensorischen System gehören.

Grundmuster: Das wiederholt beobachtete Verhaltensmuster eines Tieres in einer bestimmten Situation.

Habitat: Der übliche Aufenthaltsraum eines Tiers.

Hemmschwelle: Die Distanz zu einer Person oder einer Struktur, die ein Tier in einer bestimmten Situation nicht überschreitet.

Hertz: Die Maßeinheit für Schwingungen, wobei 1 Hz = 1 Schwingung pro Sekunde (Frequenz) bedeutet.

Hot Zone (= heisse Zone): Die Region zwischen dem inneren Kreis (innere Schwelle) eines Hais und der Person.

Hyomandibula: Knorpel zwischen Schädel und Kieferapparat.

Innere Schwelle: Der Beginn der „persönlichen" Distanz eines Hais. Diese Distanz ist normalerweise gleichzusetzen mit dem nächsten Punkt, den ein Hai bezüglich einer Person im Wasser einnimmt. Siehe auch „Innerer Kreis".

Innerer Kreis: Die Distanz zu einer Person, die den Hai zu einer Reaktion zwingt, und die die kürzeste Distanz zur interagierenden Person darstellt. Dieser Abstand ist gleichzeitig als Radius einer Kugel zu sehen, wobei der Hai das Zentrum darstellt. Der innere Kreis ist mit einer „persönlichen" Distanz des Hais gleichzusetzen.

Interaktion: Das Kommunizieren, Signalisieren und Interagieren zwischen Menschen und Haien.

Interzone: Die Region zwischen äußerem und innerem Kreis, oder der äußeren und inneren Schwelle.

Jagdstrategie: Die Methode oder das Verhalten, das ein Tier zeigt oder anwendet, um erfolgreich Beute zu machen.

Kelp: Großalgen, die meterhohe Strukturen Bilden können. Kelp kommt vorwiegend in kalten Gewässern in einer Tiefe vor, wo die Wurzeln sich noch am Boden festhalten können und die Enden die Wasseroberfläche erreichen. Die Wurzeln dienen lediglich der Verankerung und nicht der Nährstoffaufnahme.

Kiemenspreizen: Ein Herausdrücken der Kiemen, das durch erhöhten Wasserdruck erzeugt wird. Der Grund liegt wahrscheinlich in der Reinigung der inneren Kiemenbereiche, doch könnten auch Parasiten oder Saugfische eine Rolle spielen.

Klinotaxis: Das Schwimmen eines Hais gegen das Konzentrationsgefälle eines Duftstoffes.

Kommunikation: Das Austauschen von Informationen zwischen zwei oder mehreren Organismen mittels Sprache, Gerüchen, Tönen, Schwingungen und anderen Signalen über einen Informationsträger.

Kontrast: Unterschiedliche Farbintensitäten, die sich gegeneinander abheben. Gebraucht bei der Jagdstrategie von Haien, die sich einem Objekt von unten nähern, weil der Kontrast gegen die helle Wasseroberfläche größer ist als gegen den (dunklen) Untergrund.

Kopfdrehen: Das Drehen des Kopfes in eine Richtung, bei gleichzeitigem Nichtbewegen der Augen, um ein stereotypisches Bild des Objekts zu erhalten. Siehe auch „Augenrollen".

Kopfpendeln: Der Kopf bzw. der Vorderteil des Hais kompensiert die „Schwanzbewegung" mit einer gegenläufigen Bewegung. Entsprechend sieht es von vorne oft aus, als ob der Kopf hin und her pendelt.

Korallenriff: Eine durch kalkbildende Kleinorganismen (Polypen) aufgebaute Struktur. Korallenriffe sind die größten von Tieren errichteten Strukturen auf dieser Welt. Man findet sie vorwiegend in tropischen und subtropischen Gewässern.

Körperhaltung: Das Erscheinungsbild einer Körperposition.

Körperlänge: Die Gesamtlänge eines Körpers von der Schnauzenspitze bis zum Schwanzende.

Körpersprache: Das Ausdrücken oder Vermitteln von Informationen durch den Körper.

Kreisen: Das Umschwimmen eines Objekts durch einen Hai, wobei die Distanz so gewählt ist, dass das Seitenlinienorgan eventuelle vom Objekt ausgehende Wasserdrücke registrieren kann.

Kurzanalyse der Absicht: Ein Kurzverfahren von ADORE-SANE, wobei nur die Schwimmrichtung des Hais, seine Position hinsichtlich des Beobachters und sein Erscheinungsbild festgehalten werden. Entspricht QAI (= *Quick Assessment of Intention*, engl.).

Lebensgemeinschaft: Räumlich und zeitlich zusammenlebende Arten.

Lebenszyklusstrategie: Muster von Wachstum, Differenzierung, Speicherung und Reproduktion während des Lebens eines Organismus.

Lorenzinische Ampullen: Kleine, in der Schnauzenregion und um die Augen herum befindliche Gefäße, die es einem Hai ermöglichen, bioelektrische Felder wahrnehmen zu können.

Mangroven: Die einzigen höheren Pflanzen, die im Salz- und Brackwasser gedeihen können.

Maulen: Das Öffnen des Mauls eines Hais, ohne den Oberkiefer auszustülpen. Dieses Verhalten wird als Drohgebärde interpretiert. Das Maul wird entweder nur kurz auf- und zugemacht (z.B. Weiße Haie), oder auch länger (über mehrere Sekunden) in einer offenen Stellung gehalten (z.B. Tigerhaie)

Mechanosensorisches System: Sinnesorgane des Hais, die auf Druckwellen und Wassermolekülverschiebungen reagieren. Dazu gehört das Innenohr, das Seitenlinienorgan, die Grubenorgane, die savischen Vesikel wie auch die Spirakelorgane

Motivation: Der Beweggrund eines Tieres, etwas zu tun.

N (= Nervousness, engl.): Teil des ADORE-SANE Konzepts. Siehe „Nervosität".

Nervosität: Teil des ADORE-SANE Konzepts. Nervosität beeinflußt den Verfassungszustand eines Menschen und wirkt sich entsprechend auf eine Begegnung mit einem Hai aus.

Nulllinie: Ein Begriff, der als Grundwert verwendet wird und mit dem man den neuen Wert vergleicht. Im Verhalten wäre die Nullline ein bereits bekanntes, gängiges Verhalten, mit dem man das neu gesehene Verhalten vergleicht.

O (= Origin, engl.): Teil des ADORE-SANE Konzepts. Siehe „Ursprung".

Ökosystem: Holistisches (das Ganze betreffendes) Konzept der Pflanzen, der gewöhnlich mit ihnen assoziierten Tiere und all der physikalischen und chemischen Bestandteile der unmittelbaren Umwelt oder des Habitats, die zusammen eine erkennbar eigenständige Einheit bilden.

Pass (engl.): Teil des ADORE-SANE Konzepts, siehe „Passieren".

Passieren: Das Vorbeischwimmen eines Hais mit gleichzeitiger Benutzung seines Seitenlinienorgans.

Passives Verhalten: Ein Verhalten, das passiv ist, bspw. das Sich-nicht-bewegen, wenn ein Hai näher kommt. Siehe auch „Aktives Verhalten".

Persönliches ADORE-SANE: Das Interaktionskonzept, angepasst an die einzelne Person, im Umgang mit den gängigen/ansässigen Haiarten.

Proximate Ursache: Die „Wie-Frage" in der Verhaltensforschung. Sie hinterfragt die Mechanismen, die in einem Tier ablaufen, damit eine bestimmte Verhaltensweise möglich ist.

QAI (= Quick assessment of intention, engl.): Siehe „Kurzanalyse der Absicht".

R (= Reference, engl.): Teil des ADORE-SANE Konzepts, siehe „Räumliche Beziehung".

Räumliche Beziehung: Teil des ADORE-SANE Konzepts. Dieser Begriff bezieht sich darauf, wo sich der Hai relativ zur Person befindet: Über, auf gleicher Höhe oder unterhalb der Person. Siehe dazu auch „Ursprung".

Rheotaxis: Das strömungsorientierte Schwimmen eines Hais, wobei der primäre Auslöser von einem Geruch ausgeht, an dem sich das Tier in der Strömung orientiert und dagegen anschwimmt, mit dem Geruch als leitendem Faktor.

Richtung: Teil des ADORE-SANE Konzepts. Die Richtung, in der ein Hai hinsichtlich der Position des Menschen schwimmt.

S (= Situation, engl.): Teil des ADORE-SANE Konzepts, siehe „Gesamtbild".

SANE: Der menschbezogene Teil des Hai-Mensch-Interaktionskonzepts. Jeder der vier Buchstaben umfaßt einen Teil des Konzepts. S = Scenario (Situation), A = Activity (Aktivität), N = Nervousness (Nervosität), E = Experience (Erfahrung).

Saugfisch: Ein Knochenfisch, der sich bevorzugt an Haie ansaugt und sich von ihnen durchs Wasser transportieren läßt. Er kann dem Hai nützlich sein, weil er ihn von Parasiten befreit oder Futterreste zwischen den Zähnen entfernt.

Savische Vesikel: Ein Sinnesorgan bei Haien, das dem mechanosensorischen System zugerechnet wird.

Sägebiss: Das Beißen eines Hais, bei welchem die Beute mit dem Unterkiefer festgehalten wird und der Oberkiefer eine seitliche Bewegung (abwechselnd auf beide Seiten) durchführt. Diese Form des Beißens wird nur dort angewendet, wo die Beute größer als das Bissvolumen des Hais ist und entsprechend lediglich Stücke herausgesägt werden können.

Scenario: Teil des ADORE-SANE Konzepts, siehe „Gesamtbild".

Schlagfrequenz: Die Anzahl Schwanzschläge, die ein Hai innerhalb einer bestimmten Zeit durchführt. Normalerweise in „ tb / sec" angegeben (tb = Tail Beat, engl., Schwanzschlag; sec = Seconds, engl., Sekunden).

Schwanzschlag: Das Auslenken des Schwanzes zur Seite.

Schwanzversteifen: Das Reduzieren des Schwanzschlages durch Versteifen des Schwanzstiels.

Schwelle: Diejenige Distanz, die ein Hai zum Menschen als Bezugsobjekt nicht überschreitet, resp. das Tier zu einer Reaktion zwingt.

Schwingungen: Vibrationen, ausgelöst durch bspw. Körperbewegungen oder Laute.

Seegras: Echte Gefäßpflanzen, die vorwiegend in flachen Uferregionen vorkommen.

Seitenlinienorgan: Ein Wasserdruckorgan, das sich an den Flanken eines Hais befindet. Dieses Organ ist Teil des mechanosensorischen Systems.

Seitliches Anschwimmen (= Lateral Checkout, engl.): Ein Schwimmmuster, bei welchem der Hai von der Seite her an einer Person vorbeischwimmt, dann dreht und wieder zurückschwimmt, wobei er beim zweiten Passieren so nahe kommt, dass er das Seitenlinienorgan verwenden kann.

Selachophobie: Die klinische Bezeichnung für die Angst vor Haien.

Signalisieren: Das Verbreiten von Informationen via Körpersprache, Farbenmuster oder Tönen bei Tieren.

Simuliertes Beißen (simulierter Beißakt): Das Kopfschütteln eines Hais ohne Bezug zu einem Verhalten wie dem Sägebiss.

Situation (engl. oder deutsch): Teil des ADORE-SANE Konzepts, siehe „Gesamtbild".

Spielverhalten: Ein Verhalten, das zum Ziel hat, Fähigkeiten in einem ungefährlichen Rahmen zu fördern und zu testen.

Spirakelorgan: Ein Sinnesorgan bei Haien, das dem mechanosensorischen System zugeordnet wird.

Snellsches Fenster: Nach dem holländischen Mathematiker **Willebrord van Roijen Snell** benannt. Unabhängig der Wassertiefe sieht man Licht aus einem maximal Sektor (Fenster) von 97.2° (jeweils 48,6° rechts und links von der Senkrechten) einfallen.

Superräuber: Haie und andere Großtiere, die auch eigentliche Räuber fressen und an der Spitze der Nahrungspyramide stehen.

Tapetum lucidum: Eine lichtverstärkende Struktur im Auge eines Hais.

Territorium: Ein Gebiet, in dem sich ein Tier aufhält, jagt, fortpflanzt und gegen Eindringlinge verteidigt.

Testbeißen: Ein Beißen mit dem Ziel herauszufinden, was eine Struktur darstellen könnte. Dabei entstehen meist nur leichte Zahnabdrücke. Testbisse werden auch „Gaumenbisse" genannt.

Testosteron: Ein Hormon.

Umrunden (= go around, engl.): Das Umschwimmen einer Person durch einen Hai in einer Distanz, bei der das Tier sein Seitenlinienorgan verwenden kann.

Umwelt: Teil des ADORE-SANE Konzepts. Die Umgebung, in der sich eine Begegnung mit einem Hai abspielt. Dabei werden sowohl Einflüsse von Riffen, Wellen, Strömungen etc. als auch von Booten und Tauchpartnern miteinbezogen.

Ultimate Ursache: Die „Warum-Frage" in der Verhaltensforschung. Sie bezieht sich darauf herauszufinden, warum ein Tier in seiner Evolution ein bestimmtes Verhalten entwickelt hat.

Ursprung: Teil des ADORE-SANE Konzepts. Es bezieht sich auf die räumliche Beziehung zwischen dem Hai und der Person. Zwei Punkte werden beachtet: Distanz des Hais zur Person und die Position des Hais hinsichtlich der Blickrichtung des Tauchers.

Verhalten: Das Agieren und Reagieren eines Organismus in Raum und Zeit aufgrund von äußeren und inneren Faktoren.

Verhaltensmuster: Das Erscheinungsbild eines bestimmten Verhaltens.

Vertical Approach: Siehe „Vertikales Aufsteigen".

Vertikales Aufsteigen (= Vertical Approach, engl.): Das senkrechte, oder nahezu senkrechte Aufwärtsschwimmen eines Hais zur Erkundung einer Person im Wasser.

Wasserdruck: Das Verschieben von Wasserteilchen durch die Bewegung einer Struktur.

Zielorientiertes Nähern: Das sich Nähern eines Organismus an eine bestimmte Struktur.

Zielübung: Der Gebrauch eines Objekts zur Verbesserung einer Fähigkeit.

…

Kurzbeschreibungen des Verhaltens der im Buch erwähnten Arten in alphabetischer Reihenfolge (Bezeichnungen von Verhaltensweisen, Schwimmmuster oder ADORE-SANE sind kursiv angegeben).

Auf die Beschreibung des Verhaltens von Arten wie Ammenhaien, Walhaien und Katzenhaien wird verzichtet, da diese keine eigentliche Interaktion mit Menschen zulassen, außer dass sie meist weiter- oder wegschwimmen oder sich verstecken. Die folgenden Kurzbeschreibungen decken nicht das gesamte bekannte Spektrum des Verhaltens der betreffenden Art ab, sondern sollen lediglich einige wenige für die entsprechende Art offensichtliche Verhaltensweisen kurz erläutern. Spezielle Verhaltensweisen sind ebenfalls dort kurz angedeutet, wo wir glauben, dass sie erwähnenswert wären.

Blauhai (Prionace glauca)
Blauhaie findet man nicht in Uferregionen oder in Riffen, sondern meist nur im offenen Wasser oder der Hochsee, und dann meist direkt unter der Oberfläche.
Blauhaie besitzen einen relativ geringen inneren Kreis und schwimmen meist sehr zielstrebig auf Taucher zu (*Frontales Anschwimmen*). Dieses direkte Anschwimmen, verbunden mit der Größe dieser Tiere, lässt sie bedrohlich ausschauen. Doch entgegen gängiger Meinung sind Blauhaie (wie auch die anderen Haiarten) keine gefährliche Art und die wenigen Unfälle sind meist auf das falsche Verhalten der mit ihnen interagierenden Person zurückzuführen. Neben

dem *frontalem Anschwimmen* wird oft auch *Passieren* oder *Umrunden* beobachtet. Blauhaie sind sehr neugierige Tiere und schwimmen entsprechend sehr nahe an Personen heran. In einer solchen Situation sieht man oft die typischen Verhaltensmuster wie *Augenrollen* oder *Kopfdrehen*.

Ein Grund, weshalb Blauhaie oft sehr nahe kommen liegt darin, dass es sich bei diesen Tieren um eine Hochseeart handelt. Da die Hochsee, gegenüber anderen Regionen, geringere Futtermengen besitzt, müssen deren Bewohner neue Strukturen auskundschaften, da es sich potentiell immer um Futter handeln könnte.

Möchte man aktiv mit diesen Haien interagieren, ist es ratsam Eines nie außer Acht zu lassen: Wenn sie direkt unter der Oberfläche schwimmen, sollte man sich ihnen nicht von unten nähern, da dann meist gegen die Oberfläche hin kein Fluchtweg mehr besteht (innerer Kreis = Kugel!). Und wenn der Taucher von vorne kommt, bleibt dem Tier auch keine Möglichkeit, sich auf direktem Weg zu entfernen. Entsprechend ist ein Anschwimmen von der Seite zu befürworten.

Blauhaie sind sehr schön gefärbte und majestätisch erscheinende Haie und eine Begegnung mit ihnen sollte genossen werden. Der Umstand, dass sie sehr nahe kommen, erleichtert eine Interaktion mit ihnen.

Bullenhai (Carcharhinus leucas)

Bullenhaie haben, neben den Weißen Haien, den schlechtesten Ruf unter den Haien. Einerseits stehen sie hinsichtlich Unfällen ebenfalls an der Spitze, andererseits gibt es keine andere Haiart, die so oft mit *aggressiv* umschrieben wird (wie schon früher angedeutet, sollten „Fachleute", die ein Haiverhalten als „aggressiv" bezeichnen, nicht all zu ernst genommen werden). Dass diese Tiere keineswegs aggressiv sind, sondern dieses Empfinden nur vom Beobachter ausgeht, liegt in deren sehr geringen inneren Kreisen. Dies erweckt den Eindruck, dass sie immer sehr an Personen interessiert sind. Bei Bullenhaien handelt es sich um typische Flachwasserformen, die sich auch in Regionen begeben, wo sie nahezu keinen Platz mehr zum Schwimmen finden und die Rückenflosse aus dem Wasser ragt. Ein weiterer Grund, weshalb diese Tiere oft mit falschen Attributen - die alle die scheinbare Aggression unterstreichen sollen - versehen werden, sind ihre sehr kleinen Augen. Diese lassen den Eindruck entstehen, dass sie den Beobachter anstarren. Der Grund für die kleinen Augen liegt darin, dass Bullenhaie eben primär in flachen Regionen zu finden sind, wo es sehr hell sein kann (Sandboden!) und entsprechend viel Licht auf ihre Augen trifft. Eine Verkleinerung der Augen reduziert die Lichtmenge, die auf die Sehschicht kommen kann, was ein Leben in diesen Regionen optimiert und erleichtert. Die kleinen Augen machen es entsprechend auch schwierig, *Augenrollen* zu sehen, doch ist dies auch bei Bullenhaien sehr ausgeprägt.

Eine Schwierigkeit, die sich oft ergibt, wenn man mit ihnen konfrontiert wird, ist, dass sie sehr nahe über dem Boden schwimmen und dann meist nicht gut gesehen werden. Dieser Umstand, verbunden mit dem geringen inneren Kreis, hat entsprechend schon manchen Schnorchler oder auch Taucher die Flucht ergreifen lassen (siehe *Ursprung* in ADORE-SANE). An dieser Stelle muss auch bemerkt werden, dass Bullenhaie primär in flachen Regionen leben, so dass es oft vorkommen kann, dass keine ausreichende Tiefe vorhanden ist und es unmöglich wird „abzutauchen". Diese kann zu einem Problem werden, wenn man unbeabsichtigt ein solches Tier in die Enge treibt und ihm die Fluchtwege verringert oder gar versperrt. Dass ein solches Tier in einer solchen Situation in einen erhöhten Stresszustand gerät versteht sich von selbst.

Wann immer man mit Bullenhaien interagiert und sich Zeit nimmt, diese kennenzulernen, wird man schnell realisieren, dass sie sich trotzdem ähnlich wie andere Haie verhalten und dass bei ihnen die typischen Anschwimmmuster (*Passieren*, *seitliches* und *frontales Anschwimmen*, *Umrunden*) ebenfalls vorhanden sind. Sollte man bewusst mit Bullenhaien interagieren wollen, ist es ratsam weiße Strukturen auf dunklem Untergrund (Schriftzüge auf dem Tauchanzug, helle Markenzeichen auf einem Fotoapparat, weiße Flossen, helle Sohlen bei Füßlingen etc.) zu vermeiden, oder diese entsprechend mit dunklem Klebband überdecken. Bullenhaie nähern sich gerne solchen farblich betonten Stellen, berühren diese auch mit der Schnauze oder beißen gar hinein. Der Grund dafür liegt wahrscheinlich darin, dass die Fleischwunde eines Fisches ebenfalls weiß ist und sie ähnliche Strukturen auskundschaften. Oftmals wurde auch gesehen, dass Bullenhaie zu Zweit auftauchen, wenn sich beispielsweise Futter oder eine Person im Wasser befindet. Ob dies wirklich eine Paarbildung darstellt (gleichgeschlechtliche Paare wurden beobachtet) oder lediglich ein Artefakt der Situation darstellt, ist zum gegenwärtigen Zeitpunkt noch unklar. Doch ist es interessant, dass in einer solchen Situation meist eines der Tiere näher kommt (und die Person begutachtet oder vorhandenes Futter frisst) und das andere Tier an der Peripherie patrouilliert.

Ganz allgemein sind Bullenhaie trotz ihres äußeren Erscheinungsbildes bezüglich der Schwimmmuster nicht unähnlich den Riffhaien, doch sollte man bei der Begegnung mit einem Bullenhai mit Schwimmen oder der Fortbewegung aufhören und sich darauf konzentrieren, was die Absicht des Tieres sein könnte. Gerade dort, wo eine geringe Sichtweite herrscht wie beispielsweise in Flussmündungen - einer der beliebten Aufenthaltsorte von Bullenhaien - ist ein Nichtbewegen ratsam.

Grauer Riffhai (Carcharhinus amblyrhinchos)
Obwohl der Graue Riffhai für den Taucher den wohl typischsten unter allen Haiarten darstellt, ist es doch eine Art, die oft verwechselt wird. Das liegt daran, dass einige nahverwandte Arten ein sehr ähnliches Erscheinungsbild haben und es oft einen Fachmann benötigt, um die einzelnen Arten voneinander zu unterscheiden.

Graue Riffhaie haben deutlich sichtbare innere und äußere Kreise, doch sieht man sie oft nahe an oder in Riffen, wo die einzelnen Schwellen nicht leicht zu erkennen sind. Freischwimmende Riffhaie werden oft patrouillierend gesehen und oftmals hört man entsprechend auch von „Territorien", die sie scheinbar auch verteidigen. Bis heute gibt es allerdings keine Beweise dafür, dass dies wirklich der Fall ist. Da diese Tiere sich jedoch oft in den Riffen aufhalten, kann es vorkommen, dass man sie unbewusst (oder leider auch bewusst, wenn es sich um einen egoistischen Foto- oder Videografen handelt) in die Enge treibt, und dies kann unangenehme Folgen haben. Sieht man diese Art in den Riffen, sollte man ihnen immer einen Raum lassen, der größer als ihr innerer Kreis ist (mindestens die dreifache Körperlänge der Tiere), um ihnen eine „Flucht" zu ermöglichen, ohne dass sie sich gegenüber dem Taucher wehren müssen.

Dieser Art wird oft nachgesagt (und man kann es auch überall in populärwissenschaftlichen Werken lesen), dass sie ein ausgeprägtes Drohverhalten besitzt, das sich im Buckeln, dem Heben der Schnauze und dem Herunterdrücken der Brustflossen äußert. Dieses Verhalten kann tatsächlich beobachtet werden, doch ist der Grund in den meisten Fällen ein anderer und hat nichts mit dem sich in der Nähe befindenden Taucher zu tun. In den meisten Fällen (eigentlich immer) versucht ein Hai lediglich Saugfische, die sich an seinen Körper festgeheftet haben, zu zwingen, sich an einer anderen Körperstelle festzusaugen, was dann eben dem der Bewegung des Drohens sehr nahe kommt. Ganz allgemein muss an dieser Stelle nochmals hervorgehoben werden, dass das beidseitige Herunterdrücken der Brustflossen ebenfalls nichts mit einem Drohverhalten zu tun hat. Es ist im Gegenteil ein Bereitschaftsverhalten, um schnellstmöglich reagieren und fliehen zu können (Abbildung 18). Das beidseitige Herunterdrücken der Brustflossen erhöht die seitliche Oberfläche der beiden Körperseiten und ermöglicht, dass ein Hai in beide Richtungen wegschwimmen kann.

Da Graue Riffhaie oft in Riffnähe anzutreffen sind, ist das *Passieren* die am häufigste zu beobachtende Schwimmweise. *Seitliches* und *frontales Anschwimmen* können zwar ebenfalls beobachtet werden, doch meist nur, wenn sich Hai und Mensch im freien Wasser begegnen. Ist ein Tier nahe am inneren Kreis, sind Verhaltensmuster wie *Augenrollen* und *Kopfdrehen* leicht zu sehen.

Grundsätzlich kann zu dieser Art gesagt werden, dass man gefahrlos mit ihr interagieren und die Situation genießen kann, wenn man sie nicht in eine Situation begibt, wo ein Ausweichen erschwert oder gar unmöglich ist.

Hammerhai (Sphyrna spp.)

Es gibt sieben Arten von Hammerhaien, die zur Gattung *Sphyrna* gehören. Nachfolgend soll jedoch nur auf drei Arten näher eingegangen werden. Die beiden am häufigsten zu sehenden Hammerhaiarten sind der Bogenstirnhammerhai (*Spyrna lewini*) und der Glatte Hammerhai (*Sphyrna zygaena*). Beide Arten halten sich bevorzugt in Schulen auf, die von einigen wenigen Tieren bis zu sehr vielen reichen können. Es kann vorkommen, dass man auch Einzeltiere antrifft, doch ist dies eher die Ausnahme.

Mit Hammerhaien zu interagieren ist eher schwierig. Am ehesten kann man ihr Interesse wecken, indem man direkt in die Schule hinein schwimmt, was ohne Gefahr getan werden kann. In den meisten Fällen werden sie zwar der Person ausweichen, doch kommen einige auch näher. Entgegen anderen Haiarten sind Hammerhaie (mit Ausnahme des Großen Hammerhais, *Sphyrna mokarran*) keine Tiere, mit denen es wirklich leicht ist zu interagieren und es braucht viel Geduld (Glück?), dass man erlebt, wie ein Tier vielleicht mal ein *Umrunden* versucht oder gar länger mit einer Person interagiert. Insbesondere wenn sie in Schulen auftauchen, werden sie aus dieser meist nicht ausbrechen, sondern im losen Verbund weiterschwimmen (*passieren*) und den Taucher oder Schnorchler ignorieren. Dass dabei einige näher kommen, ist meistens das Einzige, was man sich erhoffen kann. Trotzdem kann man sehr interessante Verhaltensweisen beobachten, wenn die Tiere in Schulen schwimmen wie beispielsweise das Korkenzieherschwimmen genannt wird. Ein Tier, das dieses Verhalten zeigt, dreht sich dabei um seine Längsachse, so dass die Bewegung dann wie das Gewinde eines Korkenziehers ausschaut. Befinden sich die Tiere in Schulen, sind die äußeren Kreise nicht zu erkennen, das gleiche gilt auch für die inneren Kreise. Ob der Abstand, den sie oft zueinander halten, den inneren Kreis widerspiegelt ist fraglich. Die akzeptierte Meinung ist, dass der Abstand der einzelnen Tiere untereinander so gewählt wird, dass sie hydrodynamisch voneinander profitieren können, ähnlich wie dies Vögel tun, wenn sie in Formation fliegen.

Möchte man wirklich mit Hammerhaien interagieren oder mindestens eine gewisse Aufmerksamkeit von ihnen erhalten, sollte man sich ihren Putzerstationen nähern, wo sie sich von Parasiten und Futterresten befreien lassen. Da diese Putzerstationen oftmals nicht sehr dicht verteilt sind, kann man sich in die Nähe positionieren und warten. Und gerade wenn man sich nahe genug an den Plätzen befindet kann es vorkommen, dass der Hai sich nicht reinigen läßt, sondern enge Kreise schwimmt, da er sich durch die Präsenz des Tauchers gestört fühlt, den Platz aber trotzdem nicht verlassen will, da eine Reinigung notwendig ist.

Entgegen diesen beiden Hammerhaiarten ist der Große Hammerhai (*Sphyrna mokarran*) eher ein Einzelgänger, der nicht selten direkt auf Taucher oder Schnorchler zuschwimmt. Seine oft beeindruckende Größe läßt dabei manchen Taucher die Flucht ergreifen. Doch abgesehen von meist übertriebenen Geschichten sind Große Hammerhaie harmlose Tiere. Wie auch andere Großhaiarten hat auch diese Art einen eher kleinen inneren Kreis und kommt entsprechend oft sehr nahe. Dieses Nahekommen hat aber ebenfalls nichts mit Aggression zu tun, sondern ist reine Neugierde. Man findet diese Art bevorzugt in flachen Regionen, doch kann es auch vorkommen, dass man sie im Freiwasser antrifft. Gerade wenn man ihnen im Flachwasser begegnet, sollte man sich umschauen, ob sich in der Nähe auch Stechrochen befinden, die meist der Grund für die Präsenz dieser Hammerhaiart darstellen (bevorzugte Nahrung). Findet man sie im Freiwasser, werden die meisten gängigen Verhaltensmuster wie *Passieren, frontales* und *laterales Anschwimmen* wie auch *Umrunden* gesehen.

Karibischer Riffhai (Carcharhinus perezi)
Wie der Name schon sagt, kommt diese Art häufig in der Karibik und den Bahamas vor. Entgegen der Bezeichnung "Riff" findet man diese Haie jedoch nicht nur dort, sondern auch in großen Tiefen (über 1000 m). Da aber nur wenige Taucher je wirklich tiefer tauchen als in den obersten 50 – 70 m, nahm man lange an, dass sie nur in den Riffen vorkam, was ihnen den Namen gab.
Karibische Riffhaie können sowohl in kleineren Gruppen als auch als Einzeltiere auftauchen. Einzeltiere halten meist einen gewissen Abstand und *passieren*, ohne zurückzukommen. Begegnet man ihnen jedoch im Verband (wobei dieser Ausdruck lose gebraucht werden soll) sieht man alle gängigen Anschwimmmuster, abgesehen von *vertikalem Aufsteigen*. Karibische Riffhaie sieht man oft unmittelbar über dem Boden schwimmend oder an den Riffwänden entlang und ihr innerer Kreis ist entsprechend eingeschränkt. Solche Tiere sollten nicht bedrängt werden, da sowohl das Riff als auch der Boden ihre Fluchtwege reduzieren. Unabhängig davon kommen Karibische Riffhaie oft sehr nahe, und alle typischen Verhaltensmuster wie *Augenrollen* oder *Kopfdrehen* sind leicht zu beobachten.

Sie gehören zu denjenigen Haiarten, die oft direkt auf eine Person zuschwimmen und erst kurz vor dieser abdrehen. Diese Verhaltensweise sollte nicht mit Aggression oder Bedrohung verwechselt werden, sondern es liegt einfach in der Natur dieser Tiere, oft direkt auf unbekannte Dinge zuzuschwimmen und erst spät in der Interzone abzudrehen oder eine Anpassung an die Position der Person im Wasser zu zeigen.

Karibische Riffhaie, wie andere Riffarten auch, werden oft dabei beobachtet wie sie - scheinbar ohne Grund - die Kiefer ausstülpen (*Gähnen:* Abbildung 17). Diese Verhaltensweise hat mit der Justierung der Kiefer zu tun, wenn sie gefressen haben und bedeutet kein Drohverhalten (*Maulen*: Abbildung 16). Auch werden diese Tiere oft dabei beobachtet, wie sie ihre Kiemen abspreizen, indem sie vermehrt Wasser durch diese drücken. Dieses Verhalten wird häufig nach dem Fressen gesehen und hat zum Ziel, die Innenregionen der Kiemen von hängengebliebenen Futterresten zu reinigen. Wie auch bei anderen Riffarten, sieht man auch bei Karibischen Riffhaien das vielerorts als Drohverhalten beschriebene Herunterdrükken der Brustflossen, Buckeln und Kopfheben. Bei Karibischen Riffhaien konnte jedoch klar gezeigt werden, dass es in nahezu keinem Fall je einem aggressiven Verhalten entsprochen hätte, sondern dass der Hai lediglich versucht, einen Saugfisch umzupositionieren, der sich auf seinem Körper an einer sensorisch oder hydrodynamisch kritischen Stelle befindet (Abbildung 21).

Makohai (Isurus oxyrhinchus)

Makos bestechen durch ihre pfeilartige Schwimmweise und ihre großen Augen. Dazu kommt ein Maul, das den Sandtigerhaien nicht unähnlich sieht mit einem Unterkiefer, aus dem die Zähne sehr deutlich hervorstehen. Dieses Erscheinungsbild hat schon manchen Taucher das Fürchten gelehrt. Unabhängig davon sind Makohaie harmlos, so lange man sie nicht mit Futter ködert oder ihnen sonstwie zu nahe kommt. Bei Makos ist ein passives Verhalten des Menschen angebracht und man sollte das Tier näherkommen lassen. Da sie typische Hochseehaie sind, findet man sie nur im offenen Wasser und nicht in den Riffen. Sie zeigen meist sehr direkte Anschwimmweisen und kommen nach kurzer Zeit sehr nahe. Meist *passieren* sie den Beobachter zuerst und gehen dann zu *frontalem* oder *seitlichem Anschwimmen* über.

Sollten sich Makos unmittelbar an der Oberfläche befinden und man möchte sich ihnen nähern, sollte man das auf gleicher Ebene tun und nicht von unten, da man ihnen dadurch mögliche Fluchtwege versperrt (innerer Kreis = Kugel), da die Wasseroberfläche ebenfalls eine Grenze darstellt. Auch ist es ratsam, nicht direkt von vorne an die Tiere heranzuschwimmen, sonder eher von der Seite in einem für sie nicht bedrohlichen Winkel (Abbildung 13).

Ungeübte Taucher verwechseln diese Tiere oft mit Blauhaien, doch sind Makos eher silbrig-metallisch gefärbt und Blauhaie, wir ihr Name schon sagt blau (Abbildung 18). Neben den viel größeren Augen (im Verhältnis zur Kopfgröße) der Makos ist wohl das beste Unter-

scheidungsmerkmal, dass man beim Blauhai die Unterkieferzähne nicht sieht.
Allgemein kann gesagt werden, dass eine Begegnung genossen werden kann, doch sollte man vermeiden, sie zu bedrängen und berücksichtigen, dass sie sehr enge innere Kreise besitzen. Ein Verlassen des Wasser sollte bei Anwesenheit von Makohaien bedacht und langsam durchgeführt werden.

Schwarzspitzenhai (Carcharhinus limbatus)
Schwarzspitzenriffhaie stellen eine typische Riffhaiart dar, die allerdings auch im offenen Wasser angetroffen werden kann. Schwarzspitzenhaie zeichnen sich durch sehr kleine Augen aus, die den Eindruck erwecken, dass sie den Beobachter "durchbohren" wollen. Ihre spitzen Schnauzen und das leicht geöffnete Maul unterstützen diese Empfindung. Schwarzspitzenhaie zeigen relativ große äußere Kreise, können aber extrem kleine innere Kreise haben, gerade wenn Futter in der Nähe ist.
Schwarzspitzenhaie zeigen alle typischen Anschwimmmuster wie *Passieren, seitliches* und *frontales Anschwimmen, Umrunden* und auch *vertikales Aufsteigen*. Gerade Schnorchler, die sich an der Oberfläche befinden, werden oft von neugierigen Schwarzspitzenhaien begutachtet, wobei es vorkommen kann, dass diese Tiere den Schnorchler anstossen. Dieses Anstossen sollte man aber ruhig über sich ergehen lassen, denn es ist lediglich eine Orientierung für den Hai, um was es sich bei einem Schnorchler (oder an der

Oberfläche wartenden Taucher) handeln könnte. Wenn Schwarzspitzenhaie näher kommen, zielen sie nicht selten auf eingeschaltete Videokameras oder Blitzlichter, da sie von den elektrischen Feldern angezogen werden, wobei sie dann oft auf engstem Raum drehen.

Schwarzspitzenhaie gehören zu den best untersuchten Haiarten hinsichtlich bekannter Verhaltensweisen (*Kopfdrehen*, *Augenrollen*, *Schwanzversteifen* etc.), und viele dieser wurden erstmals bei ihnen beschrieben. Wie auch schon bei anderen Riffhaien angedeutet, sieht man diese Tiere oft auch scheinbar „buckeln". Dieses Verhalten ist aber ebenfalls meist nicht mit einem Drohverhalten zu verwechseln, sondern das Tier versucht lediglich einen Saugfisch zu „zwingen", sich an einer anderen Stelle seines Körpers zu plazieren (Abbildung 21). Dabei machen Schwarzspitzenhaie oft sehr intensive Körperbewegungen und es wurde auch schon beobachtet, dass ein Tier sich um die eigene Achse drehte, vergleichbar dem Korkenzieherschwimmen bei Hammerhaien.

Schwarzspitzenhaie gehören zu den wenigen Haiarten, die oft aus dem Wasser springen. Einer der Gründe liegt dabei ebenfalls in den Saugfischen, die sie dann aber nicht an einer anderen Körperposition haben wollen, sondern sie loswerden möchten. Der Beginn eines Sprungs ist meist durch sehr intensive Körperbewegungen anzeigt, bevor das Tier dann in die Vertikale geht und beschleunigt.

Schwarzspitzenhaie stehen mit Weißen Haien und Bullenhaien an der Spitze der Haiunfälle. Dies sollte aber nicht mit einer wirklichen

Gefahr verwechselt werden, sondern diese Tiere schnappen meist nur nach Surfern und Schwimmern und lassen danach sofort wieder los. Entsprechend sind die meisten Bisse lediglich Gaumenbisse mit wenigen oder keinen Folgeschäden. Gerade dort, wo oft gefischt wird, die Strömungen entlang der Strände ziehen und Leute baden, kann es zu dieser Form von Bissen kommen. Sollte man entsprechend im trüben Wasser einen Schwarzspitzenhai wahrnehmen, ist es notwendig, dass man sich ruhig verhält und nicht(!) mit den Beinen zappelt oder weiterläuft, sollte man sich im flachen Wasser befinden.

Seidenhai (Carcharhinus falciformis)
Seidenhaie gehören zu den wenigen "Grauhaien" die meist im offenen Wasser angetroffen werden. Man kann sie in der Nähe von Riffen sehen, doch bevorzugen sie eher tieferes Wasser (ohne für Taucher sichtbarer Boden), oder die eigentliche Hochsee.
Diese Haie werden häufig mit anderen Arten verwechselt, doch ist ihre im Vergleich zu den Brustflossen nach hinten versetzte erste Rückenflosse ein eindeutiges Merkmal.
Seidenhaie kommen oft in kleineren Gruppen vor und erscheinen teilweise auch „aufdringlich". Diese scheinbare „Aufdringlichkeit" liegt an ihren teilweise sehr engen inneren Kreisen und man sollte dies entsprechend nicht als Bedrohung ansehen. Oft fühlen sich Taucher von Seidenhaien auch verfolgt. Der Grund liegt im Bewegen der Flossen des Tauchers, die auf Seidenhaie sehr attraktiv wirken.

Entsprechend sollte bei Anwesenheit von Seidenhaien nicht einfach weggeschwommen werden, sondern ein kontrollierter Rückzug (nach ADORE-SANE) erfolgen.

Seidenhaie zeigen alle typischen Anschwimm- und Verhaltensmuster. Interagiert man unmittelbar an der Oberfläche mit diesen Tieren, sollte man sich ihnen nicht von unten nähern, da sie bereits gegen die Oberfläche hinsichtlich Fluchtweg limitiert sind (innerer Kreis = Kugel). Entsprechend ist es eher angebracht, dass man sich ihnen auf gleicher Höhe nähert.

Ganz allgemein kann festgehalten werden, dass Seidenhaie zwar eher neugierige Haie sind, die aber absolut keine Gefahr für einen Taucher darstellen, sofern man sich ruhig und besonnen verhält und bewegt.

Tigerhai (Galeocerdo cuvier)

Diese Haiart gehört wohl - neben den Bullenhaien und Weißen Haien - zu den verkanntesten Arten. Tigerhaie haben sehr kleine innere Kreise und schwimmen meist direkt auf eine Person zu, oder aber können sich in der Nähe einer Person aufhalten und überhaupt kein Interesse an dieser zeigen. Tigerhaie fallen durch eine meist sehr langsame Schwimmweise auf, was allerdings nicht darüber hinwegtäuschen soll, dass sie nicht auch schnell schwimmen können. Gerade beim Interagieren mit Tigerhaien muss beobachtet werden, ob potentielles Futter (Schildkröten) in der Nähe sind, welche die Anwesenheit begründen. Sollte dies der Fall sein, muss man sich zurückziehen und sollte sich auf keinen Fall einem solchen Tier (Tigerhai oder Schildkröte) nähern. Sieht man kein potentielles Futter ist es ebenfalls ratsam, einem Tigerhai Raum zu lassen. Tigerhaie scheinen oft an einer Situation mit einem Menschen nicht interessiert zu sein, doch sollte dies mit Vorsicht beachtet werden. Sie zeigen oft großes Interesse an der Anwesenheit, doch läßt ihr Schwimm- oder Erscheinungsbild das nicht immer erkennen.

Tigerhaie zeigen die typischen Anschwimmmuster und auch die gängigen Verhaltensmuster wie *Augenrollen*, *Kopfdrehen* oder *Maulen* sind bekannt. Tigerhaie gehören zu diesen Haiarten, bei denen ein Herunterdrücken der Brustflossen nicht immer eine Bereitschaft für Flucht signalisiert, sondern wirklich ein Drohverhalten darstellt. Entgegen gängiger Ansicht sind Tigerhaie aber dennoch meist „gutmütige" Tiere, mit denen man problemlos interagieren kann. Man sollte sich jedoch immer vor Augen halten, dass das Tier eventuell aus einem anderen Grund (als dem Taucher) anwesend ist. Wenn man sich mit einem Tigerhai tatsächlich in einer Situation befindet, die Handeln verlangt, kann man versuchen, gerade wenn man sich im flachen Wasser befindet und ein Rückzug (Boot, Ufer) nicht möglich ist, das Tier von hinten zu erwischen (Rücken). Dann sollte man versuchen das Tier nach unten zu stossen, bis es mit dem Bauch den Boden berührt. Eine solche Berührung führt meist zum Aufhören des Schwimmens des Tieres und man kann sich auf einen Ausweg konzentrieren (wir sind uns im Klaren, dass eine solche Massnahme nicht jedermanns Sache ist, doch wollten wir es auf

Grund einer gewissen Vollständigkeit erwähnen, nicht zu letzt auch deshalb, weil einer der beiden Autoren diese Technik bereits mehrfach erfolgreich anwendete).

Zusammenfassend kann gesagt werden, dass Tigerhaie zu denjenigen Haiarten gehören, bei der eine Absicht von Seiten des Tieres nicht immer leicht zu erkennen ist, und man einem solchen Hai mit gewisser Vorsicht gegenüber treten sollte.

Weißer Hai (Carcharodon carcharias)
Hinsichtlich Interaktion mit Menschen könnte man ganze Bücher über diese Art füllen. Das wohl Herausragendste ist, dass die meisten Weißen sehr scheu sind, wenn sich eine Person im Wasser befindet und es mehrmaliges *Passieren* braucht, bis sie näherkommen (Abbildung 11, Abbildung 15). Ein Näherkommen wird dann meist mit *frontalem* und *lateralem Anschwimmen* (Abbildung 12) wie auch *Umrunden* erfolgen. Daneben sieht man bei diesen Tieren oft auch *vertikales Aufsteigen*. Interessanterweise konzentrieren sich diese Tiere bevorzugt auf sich bewegende Strukturen wie beispielsweise Flossenbewegungen, und ein diesbezügliches Unterlassen von Bewegungen bei näherer Anwesenheit eines Weißen ist zu befürworten. Wenn sich Weiße Haie mit der Situation vertraut gemacht haben, kommen sie meist sehr nahe und ihr innerer Kreis ist nahezu nicht mehr sichtbar (oder gar nicht existent). Gerade solche Situationen sollten nicht als Aggression von Seiten des Tiers verstanden werden. Auch ist es interessant, dass bei so engem Vorbei-

schwimmen oder Anschwimmen die Tiere oft auf Kameras oder Fotoapparate zuschwimmen. Sollte dies der Fall sein, sollte man das Gerät nicht dem Tier ins Gesicht schlagen, sondern es die Struktur auskundschaften lassen.

Bei Weißen Haien hat man alle bisher untersuchten Verhaltensmuster wie *Maulen, Augenrollen, Kopfdrehen, Schwanzversteifen* oder *simuliertes Beissen* deutlich gesehen. Weiße Haie schwimmen oft direkt unter der Oberfläche auf eine Person zu (sollte sich diese an der Oberfläche befinden). Sollten sie aber tiefer als die Person anschwimmen (und generell die Richtung zur Person halten), ist es angebracht, dass man ebenfalls abtaucht, um auf gleiche Höhe mit dem Tier zu kommen, oder aber sich in eine vertikale Position begibt, die Füße nicht bewegt und das Tier beobachtet.

Es gibt wohl keine andere Haiart, bei der das Erscheinungsbild wichtiger ist als bei Weißen Haien. Weißen Haien, die ausgeprägte Wunden haben (beispielsweise von Seehunden oder auch von anderen Weißen Haien) sollte man mit größter Vorsicht begegnen und nach Möglichkeit einen kontrollierten(!) Rückzug antreten.

Ein solcher bedeutet nicht, dass man schnellstens vom Tier wegschwimmen soll, sondern in den meisten Fällen sich absinken lassen und warten sollte, bis das Tier weitergezogen ist und dann aufsteigen (unter dem Boot, sofern ein solches vorhanden ist). Ist ein Absinken nicht möglich, sollte man sich absolut ruhig verhalten (keine Flossenbewegungen machen), sich in eine vertikale Position begeben und auf das Tier warten. Ist das Tier nahe genug, kann man mit den Flossen Wasser gegen den Kopf drücken und die Reaktion des Tieres beobachten. Sollte das Tier den Kopf nicht zurückziehen (wegdrehen), sondern eher das Gegenteil tun, muss damit sofort aufgehört werden. Zeigt Wasserdruck jedoch eine Reaktion vom Taucher weg, kann dies weitergeführt werden, wenn das Tier wieder näherkommt. Sind zwei oder mehrere Personen im Wasser, sollte man nicht „aneinander kleben", sondern einen kleinen Abstand zueinander einnehmen, um größer zu wirken, da der Hai die Taucher als Einheit sieht. Auch wenn nun der Anschein erweckt wurde, dass Weiße Haie meist sehr nahe kommen und den Kontakt suchen, ist es doch in den meisten Fällen eher so, dass man sie nur schemenhaft an der Peripherie des sichtbaren Bereichs sieht und sie dann sofort wieder verschwinden.

Weißspitzen-Hochseehai (Carcharhinus longimanus)
Weißspitzen-Hochseehaie, wie andere auch, haben einen eher schlechten Ruf und werden oft als gefährliche Art beschrieben. Wie ihre Name schon andeutet, leben Weißspitzen-Hochseehaie primär in der Hochsee, oder aber zumindest über tiefem Wasser (wird entsprechend auch patrouillierend an Steilwänden gesehen). Dass in solchen Regionen (abgesehen von Steilwänden) eher wenig Nahrung vorkommt, bewirkt, dass diese Tiere sich zielstrebiger Strukturen zuwenden, sollten solche auftauchen, da es sich ja um Futter handeln könnte. Entsprechend sollte ihre „Direktheit" hinsichtlich Anschwimmen auch als solches verstanden werden. Weißspitzen-

Über die Körpersprache von Haien

Hochseehaie haben sehr geringe innere Kreise, doch passieren sie meist zuerst an der Peripherie bevor sie näherkommen und haben dann auch ziemliche große äußere Kreise.
Weißspitzen-Hochseehaie werden oft als „hartnäckig" beschrieben. Dies hat wohl damit zu tun, dass wenn sie ein Mal näher kommen, sie meist enge Kreise ziehen, und selten einfach weiterschwimmen (was allerdings auch geschehen kann). Enge Kreise (*Umrunden*) haben aber nichts mit einem folgenden Beißen zu tun, sondern die Tiere benutzen lediglich ihr Seitenlinienorgan, um das Objekt (die Person) weiter analysieren zu können. Entsprechend befinden sie sich dann nicht mehr als ca. zwei Körperlängen (des Hais) von der Person entfernt. Kommen sie dann näher und stoßen das Objekt gar an, ist das ebenfalls mit dem weiteren Erkunden zu verstehen. Sollten Weißspitzen-Hochseehaie ein Mal so nahe sein, dass ein Anstoßen vermutet werden muss, ist es ratsam auf das Tier zu zuschwimmen, oder aber sich gezielt zurückzuziehen (abtauchen und dann direkt unter dem Boot auftauchen). Bleibt das Tier jedoch auf Distanz und zeigt lediglich Interesse, kann man mit dem Tier interagieren.
Weißspitzen-Hochseehaie zeigen alle gängigen Anschwimm- und Verhaltensmuster. Diese Art findet man oft in der näheren Umgebung von Pilotwalen, denen sie folgen (z.B. Hawaii).

Weißspitzen-Riffhai (Triaenodon obesus)
Diese Art gehört wohl neben den grauen Riffhaien zu den gängigsten Riffhaien, denen man begegnen kann. Man findet sie meist direkt an oder in den Riffen, dem Boden entlang schwimmend, oder auf dem Sandboden liegend. Eine Interaktion mit diesen Tieren ist meist nicht möglich, doch gibt es keine andere Art, bei der das Konzept des inneren Kreises besser verstanden werden kann! Sollte man ein solches Tier auf dem Boden liegen sehen, kann man sich ihm langsam nähern, und zwar so lange, bis es beginnt wegzuschwimmen. Diese Distanz ist bei dieser Art mit deren innerem Kreis gleichzusetzen. In seltenen Fällen kann es aber auch vorkommen, dass diese Tiere nicht vom Taucher wegschwimmen, sondern direkt auf diesen zu, und dann kurz vor ihm abdrehen, oder aber sie ignorieren ihn völlig und gehen „ihren Dingen" nach. So etwas ist meist dann gut sichtbar, wenn sich mehrere Weißspitzen-Riffhaie zusammengefunden haben. Interessanterweise kann man sich ohne Probleme in diese Schar hineinbegeben, wenn sie zusammen jagen. Es scheint, dass sie die Präsenz eines unbekannten Objekts in einer solchen Phase nicht als Bedrohung ansehen.

Allgemein kann festgehalten werden, dass Weißspitzen-Riffhaie harmlose Tiere sind, die bei richtiger Verhaltensweise von Seiten des Tauchers gut beobachtet werden können.

Über die Körpersprache von Haien

Hochseehaie haben sehr geringe innere Kreise, doch passieren sie meist zuerst an der Peripherie bevor sie näherkommen und haben dann auch ziemliche große äußere Kreise.

Weißspitzen-Hochseehaie werden oft als „hartnäckig" beschrieben. Dies hat wohl damit zu tun, dass wenn sie ein Mal näher kommen, sie meist enge Kreise ziehen, und selten einfach weiterschwimmen (was allerdings auch geschehen kann). Enge Kreise (*Umrunden*) haben aber nichts mit einem folgenden Beißen zu tun, sondern die Tiere benutzen lediglich ihr Seitenlinienorgan, um das Objekt (die Person) weiter analysieren zu können. Entsprechend befinden sie sich dann nicht mehr als ca. zwei Körperlängen (des Hais) von der Person entfernt. Kommen sie dann näher und stoßen das Objekt gar an, ist das ebenfalls mit dem weiteren Erkunden zu verstehen. Sollten Weißspitzen-Hochseehaie ein Mal so nahe sein, dass ein Anstoßen vermutet werden muss, ist es ratsam auf das Tier zu zuschwimmen, oder aber sich gezielt zurückzuziehen (abtauchen und dann direkt unter dem Boot auftauchen). Bleibt das Tier jedoch auf Distanz und zeigt lediglich Interesse, kann man mit dem Tier interagieren.

Weißspitzen-Hochseehaie zeigen alle gängigen Anschwimm- und Verhaltensmuster. Diese Art findet man oft in der näheren Umgebung von Pilotwalen, denen sie folgen (z.B. Hawaii).

Weißspitzen-Riffhai (Triaenodon obesus)
Diese Art gehört wohl neben den grauen Riffhaien zu den gängigsten Riffhaien, denen man begegnen kann. Man findet sie meist direkt an oder in den Riffen, dem Boden entlang schwimmend, oder auf dem Sandboden liegend. Eine Interaktion mit diesen Tieren ist meist nicht möglich, doch gibt es keine andere Art, bei der das Konzept des inneren Kreises besser verstanden werden kann! Sollte man ein solches Tier auf dem Boden liegen sehen, kann man sich ihm langsam nähern, und zwar so lange, bis es beginnt wegzuschwimmen. Diese Distanz ist bei dieser Art mit deren innerem Kreis gleichzusetzen. In seltenen Fällen kann es aber auch vorkommen, dass diese Tiere nicht vom Taucher wegschwimmen, sondern direkt auf diesen zu, und dann kurz vor ihm abdrehen, oder aber sie ignorieren ihn völlig und gehen „ihren Dingen" nach. So etwas ist meist dann gut sichtbar, wenn sich mehrere Weißspitzen-Riffhaie zusammengefunden haben. Interessanterweise kann man sich ohne Probleme in diese Schar hineinbegeben, wenn sie zusammen jagen. Es scheint, dass sie die Präsenz eines unbekannten Objekts in einer solchen Phase nicht als Bedrohung ansehen.

Allgemein kann festgehalten werden, dass Weißspitzen-Riffhaie harmlose Tiere sind, die bei richtiger Verhaltensweise von Seiten des Tauchers gut beobachtet werden können.

Zitronenhai (Negaprion brevirostris)

Über Zitronenhaie ist im Umgang mit Menschen relativ wenig bekannt, doch zeigt auch diese bereits einige sehr interessante Verhaltensweisen. Sie wird primär im flachen Wasser gesehen und taucht oft zusammen mit Bullenhaien auf. Zitronenhaie schwimmen meist unmittelbar über dem Boden und ihre gelblich-gräuliche Farbe läßt sie leicht mit dem Hintergrund (Untergrund) verschwimmen. Zitronenhaie haben geringe innere Kreise und kommen entsprechend meist sehr nahe. Bedingt durch ihre eher bodenorientierte Schwimmweise und „Tarnfarbe" machen sie oft den Anschein, dass sie die Person „anschleichen" (*Ursprung*, aus ADORE-SANE). Unabhängig davon zeigen Zitronenhaie alle bekannten Anschwimm- und Verhaltensmuster, abgesehen von *vertikalem Aufsteigen*. Entgegen vielen anderen Haiarten können sich Zitronenhaie über längere Zeit auf den Boden legen. Sollte man solche Tiere sehen, kann man sich ihnen ohne Gefahr nähern, doch sollte dies von der Seite und im Sichtbereich des Tieres geschehen. Dabei ist wichtig, dass man dem Tier keine Fluchtwege versperrt. Da Zitronenhaie sehr groß werden, relativ kleine Augen haben und die Unterkieferzähne deutlich zu sehen sind, wirkt eine Begegnung mit ihnen einschüchternd, und das umsomehr, da sie gerade in hüfttiefem Wasser auf Fuß- oder Unterschenkelhöhe schwimmen. Zwar sind Unfälle mit dieser Art bekannt, doch kann man bei einem eher passiven Verhalten (von Seiten des Menschen) durchaus mit diesen Tieren interagieren.

Bereits erschienen:

Das Lächeln der Haie

Verlag Dr. W. Steinert
Postfach 3207
58423 Witten

www.verlag-dr-steinert.de

ISBN 3-931309-07-X   Euro 17,90